"不忘初心 缅怀先烈"丛书

陈 新 张采鑫◎主编

血沃天山绿万秋
陈 潭 秋

刘 锋 著

花山文艺出版社

河北·石家庄

图书在版编目（CIP）数据

血沃天山绿万秋：陈潭秋／刘锋著．—石家庄：花山文艺出版社，2023.1（2025.1重印）

（"不忘初心 缅怀先烈"丛书／陈新，张采鑫主编）

ISBN 978-7-5511-6041-4

Ⅰ．①血… Ⅱ．①刘… Ⅲ．①传记文学－中国－当代 Ⅳ．①I25

中国版本图书馆CIP数据核字（2022）第009969号

丛 书 名：	"不忘初心 缅怀先烈"丛书
主　　编：	陈　新　张采鑫
书　　名：	**血沃天山绿万秋——陈潭秋**
	Xue Wo Tianshan Lü Wanqiu —— Chen Tanqiu
著　　者：	刘　锋
策　　划：	张采鑫　王玉晓
特约编辑：	王福仓
责任编辑：	申　强
责任校对：	李　鸥
封面设计：	书心瞬意
美术编辑：	王爱芹
出版发行：	花山文艺出版社（邮政编码：050061）
	（河北省石家庄市友谊北大街330号）
销售热线：	0311-88643299/48
印　　刷：	北京一鑫印务有限责任公司
经　　销：	新华书店
开　　本：	700毫米×1000毫米　1/16
印　　张：	5.5
字　　数：	70千字
版　　次：	2023年1月第1版
	2025年1月第5次印刷
书　　号：	ISBN 978-7-5511-6041-4
定　　价：	39.80元

Contents 目 录

引　子

1945年4月23日至6月11日，中国共产党第七次全国代表大会在延安召开。6月9日，中共七大选举中央委员会，选举产生44名中央委员，排名以得票多少为序：毛泽东、朱德、刘少奇、任弼时、林伯渠、林彪、董必武、陈云、徐向前、关向应、陈潭秋……

名列第十一位的是陈潭秋。由于正处于战争环境之中，消息阻塞，当时代表们并不知道，早在一年零七个月前，陈潭秋已被国民党杀害于新疆。

陈潭秋是中国共产党的创始人之一，中国工人运动的播种者，党的组织者和建设者，在20世纪中国革命历史舞台上是叱咤风云的、杰出的无产阶级革命家。

1943年9月27日，那个黑森森的夜里，化名徐杰的陈潭秋被新疆军阀盛世才秘密杀害于迪化（即今乌鲁木齐）。敌人生怕枪声会惊动四周，他们用麻绳勒死了陈潭秋。当时，陈潭秋年仅47岁。

在同一个夜晚被用绳索活活勒死的还有周彬——亦即毛泽民，毛泽东的胞弟，与陈潭秋同龄。

还有林基路——广东台山人，中国共产党党员，新疆学院教务长，年仅27岁。

这是中国历史上黑暗的一夜，是令人悲伤的一个夜晚。三位烈士牺牲后，在迪化狱中的中国共产党党员曾为之写下《追悼歌》，是悼念陈潭秋、毛泽民和林基路三位烈士的：

我们的兄弟，
在前方为国把命拼；
我们的全部力量，
正在消灭民族敌人。
我们光荣的同志，
谁想得到在抗战辽远的大后方，
还有丧心病狂的败类，
含血喷人，
暗害了你们宝贵的生命！
你们宁死不屈的意志，
将永远活在千万人民的心中！
瞑目吧！
光荣的同志！
你们的血迹，
揭露了民族败类的无耻！
你们的牺牲，
更显示了八路军伟大的精神！
你们的英名，
将永垂不朽！
它鼓励着后继者的我们，
向黑暗作英勇斗争！
瞑目吧！
徐杰同志！
周彬同志！
林基路同志！

1946年8月6日，延安为在新疆牺牲的革命烈士举行了追悼大会。毛泽民的夫人朱旦华代表新疆获释人员在会上致了悼词；因为没有得到陈潭秋和毛泽民牺牲的确切消息，所以他俩的名字不在被悼者之列。

之后，随着时间的推移，陈潭秋、毛泽民已被害牺牲的事实逐渐被中共中央和社会各界人士所接受。

陈潭秋的挚友董必武，闻陈潭秋遇害凶讯时，泪如雨下，当即赋悼诗一首：

战友音容永世违，平生业绩有光辉。
如闻声咳精神振，展诵遗篇识所归。

当陈潭秋被害的消息传到延安时，"延安五老"之一的谢觉哉，写下这样的诗句来缅怀这位中国共产党的先驱：

闻毛泽民、陈潭秋被害

闻毛泽民、陈潭秋两同志在新疆为盛世才所害，雪夜独坐灯前，吟作：

又是严冰至，难羁白日驰。
卷帘观雪积，展卷诉灯知。
天际明如火，寰中乱似糜。
友星边塞陨，愤泪忽横滋。

任是老友的悲愤、战友的呼唤，英烈远去，这是革命者不惧的归宿，也是每个共产党人在加入这个组织时曾经的誓言。

"为共产主义奋斗终身，随时准备为党和人民牺牲一切，永不叛党。"

任何一场伟大的革命，无一不是波澜壮阔，大潮迭起。伴随和影响着这些革命的，是一代又一代伟大的革命家。

峥嵘岁月，腥风血雨，天翻地覆，可歌可泣。回顾革命历史，是燎原的烈火，锻造了一个英雄的国度；是血染的红旗，指引了一条正确的道路。纵览世纪风云，只有英雄的人民才能养育人民的英雄。

翻开历史长卷，中国共产党的诸多先驱可谓其中典范。

时势造英雄。栉风沐雨，金戈铁马，毛泽东、彭湃、方志敏等被称为"农运大王"，邓中夏、刘少奇、苏兆征等是中国工人运动的著名领导者。

中国人民解放军自1927年八一南昌起义建军以来，在革命的历史长河中，涌现出多位文韬武略、运筹帷幄的统帅，更有许多身经百战、战功卓著的高级将领。他们是以毛泽东、周恩来、朱德等为代表的著名军事家，韬略惊天地，睿智启后人，功绩盖世，高山仰止。

陈潭秋是杰出的中国无产阶级革命家中的一员，但他更有区别于其他革命家的地方。

中共一大代表中，有两位来自武汉党组织的代表，他们是武汉中学校长董必武和该校教员陈潭秋。参加一大的代表，大多是来自学堂的知识分子，在他们之中，虽出现过毛泽东这样的军事统帅，却只有一人以战士之勇持枪作战过，火线负伤过，那就是陈潭秋。

陈潭秋是一位兼有记者、教师、党务干部、战士几重身份的开天辟地者！

陈潭秋，1896年生，湖北黄冈人。青年时代积极参加五四运动。1920年秋，他和董必武等在武汉成立了共产主义小组；1921年7月出席了党的一大。

陈潭秋自觉运用马克思主义阶级分析方法，1924年底写出了《国民党底分析》一文，指出国民党的阶级实质，为我党在统一战线内应该依靠谁、争取谁、反对谁提供了理论依据；他以马克思主义理论为指导，纠正工作中的错误，整顿党的组织，制定正确的政治路线，使他工作过的各地党组织得以保存，工农运动得到了发展。

陈潭秋具有坚定的革命意志和实干精神。董必武曾说：潭秋一参加革命就拼命干。陈潭秋先后任中共安源地委委员、武汉地委书记、湖北区委组织部长、江西省委书记、江苏省委组织部长、满洲省委书记、江苏省委秘书长等职，领导各地的工人运动、学生运动和兵运工作，为党的事业四处奔波。

1933年初夏，陈潭秋到中央苏区工作，任福建省委书记。1934年1月，在瑞金召开的中华苏维埃第二次全国代表大会上，他被选为中央执行委员和中央政府粮食委员和粮食部长。红军长征后，陈潭秋留在中央苏区坚持游击战争，任中央苏区分局组织部长。1935年8月，陈潭秋赴莫斯科参加共产国际第七次代表大会，后参加中国共产党驻共产国际代表团的工作。

1939年5月，陈潭秋奉命回国，任中共中央驻新疆代表和八路军驻新疆办事处负责人。

在新疆工作期间，陈潭秋同新疆军阀盛世才进行了灵活巧妙的斗争。当盛世才公开走上反苏反共道路后，1942年夏，党中央同意在新疆工作的共产党员全部撤离，陈潭秋把自己列入最后一批，表示："只要还有一个同志，我就不能走。"

1942年9月17日，陈潭秋被捕。敌人对陈潭秋施以酷刑，逼迫他"脱党"。陈潭秋严守党的机密，坚贞不屈，1943年9月27日，被秘密杀害于狱中。

陈潭秋为革命献出了自己宝贵的生命，他的家人也为中国革命的胜利奉献了很多。陈潭秋家是一个革命之家，直系亲属中为革命牺牲6人，包括他和他的夫人徐全直、二哥陈防武、五哥陈树三、八弟陈荫林、侄子陈华烺。

如今，战火已熄，硝烟已散，英雄已逝。沐浴在和平幸福生活中的人们，不会忘记为今日的和平安宁浴血奋战的先烈们，英雄的故事永远不会结束。

在巍峨的天山脚下，一代革命伟人陈潭秋烈士的墓碑就矗立在乌鲁木齐烈士陵园，生活在幸福年代的各族儿女，常常前去祭扫，缅怀烈士的革命精神和丰功伟绩。

一、陈策楼上抒壮志

湖北省黄冈县位于长江中游北岸，大别山南麓。在距离县城50里的地方，长江支流的巴河西岸，有个陈策楼村。陈策楼村背靠烽火山，毗邻黄浠公路；烽火山上青松挺拔，杉树翠绿，状如马鞍。陈策楼村风景秀丽，湖光山色美不胜收。

陈策楼村70余户人家，村民都姓陈。陈策楼原叫陈宅楼，是陈氏家族的宗祠，矗立在村子中央，为一幢土木结构的三层楼房，村庄以此楼得名。

1896年1月4日，陈潭秋就出生在陈策楼村。他的祖父名畴，字寿田，曾经在清朝乙亥年，也就是1875年，参加乡试，成绩不俗，榜上有名，考中湖北举人第六名。在还以科举制度招揽人才的清朝末年，考中举人就意味着取得了做官的资格，陈潭秋的祖父本来也有机会去做官，但他性情耿直，为人正派，看不惯那些贪官污吏横行乡里、欺压百姓的行为，不愿意与他们同流合污，所以，下决心不做官，只是在乡里教蒙馆，当起了一名教书先生。祖父生前用教书得来的薪俸买了30多亩水田，把整个家庭带入到小康。

陈潭秋的父亲名厚怙，号受之，字子瞻；守田躬耕，一生克勤克俭，因家里人口多，劳动力少，晚年多病，加之税赋多如牛毛，入不敷出，家道中落，但还有能力供陈潭秋上新式小学，并到武昌进入省立一中；到他和八弟陈荫林大学毕业时，家中田地已所剩无几了。陈潭秋的母亲龚莲馨，是个农村妇女，勤劳善良，终日劳作，操持家务，尽管家境每况愈下，却乐善好施，逢年过节，邻里乡亲有缺衣少食者，都给予资助。陈潭秋兄妹10人，八男二女，他排行第七。

陈潭秋，名澄，号潭秋，字幼先。年幼时，父亲就教他识字，培养了他勤奋好学的习惯。陈潭秋聪明伶俐，获得了乡亲们的称赞。

陈家自陈潭秋的祖辈起，就深明知书达理的重要，家庭虽陷艰难，却有"穷不废读"的共同信念。陈潭秋的父亲常说，产可破而书不可不读。在这一思想的指导下，陈潭秋兄弟多人都入学就读，特别是陈潭秋和八弟陈荫林，都是在家道中落、濒于破产的情况下坚持读到大学毕业的。

陈潭秋从小聪明智慧，有过人的胆量，富有正义感。有一天中午，当地一个财主要强拔一个穷老汉在荒山坡上种的菜。老汉苦苦哀求，村里人也赶来说情，固执的地主老财谁的话也不听，执意要拔。老汉说："我起早摸黑，开荒种地，种这点儿菜，还要精心培育，施肥浇水，这些菜长起来可不容易，我就是靠它养家糊口的。"地主老财不讲理地说："这山是我家的。"在一旁观看的陈潭秋十分同情种菜的老汉，他沉思了一会儿，从人群中站出来问地主老财："这荒山怎么会是你家的？难道你会堆山？"财主不明就里，回答说："我爸爸在世的时候，这山就是我家的。"陈潭秋进一步追问："那么，这山是你爸爸堆起来的？好吧，我们把你爸爸的坟墓挖开，叫他给我们再堆一座山看看。"

一帮孩子们都乐开了，村民们也都吆喝着说："走啊，去挖坟！"有的人兴趣盎然，举起锄头做出真要去挖的样子。陈潭秋说："他不拔菜，我们就不去挖坟！"财主害怕人们真的去挖他家的祖坟，只得灰溜溜地走了。孩子们高兴地把陈潭秋抬起来打转转，高声呼喊："我们胜利了！"站在一旁的乡亲们都夸赞说："这孩子真聪明，有胆识。"

少年时期的陈潭秋，在兄弟姐妹中，最钦佩的是他的五哥陈树三，树三也非常喜欢陈潭秋这个弟弟。正因为如此，陈潭秋受到五哥的影响比较深。

陈树三自幼在武昌上学，在湖北工业学校读书期间，就受到革命民主主义思想的熏陶，参加了当时湖北的革命组织——共进会，是同盟会会员，参加过辛亥革命，曾在孙中山南京临时政府陆军部任职，1911年在南京被反动军阀枪杀。

陈树三十分关心陈潭秋的学业和成长，亲手将陈潭秋头上的长辫子剪去，送他到族办的聚星学校读书，并且再三教育弟弟，不要死读书，要善于观察，勤思考。陈树三常给陈潭秋讲些革命故事，讲帝国主义侵略中国和清政府压迫人民的罪行，讲同盟会的革命主张和革命志士的斗争故事，使陈潭秋从小便受到民族民主革命思想的熏陶，萌发了反帝反封建的爱国意识。

一天，陈潭秋的父亲带着陈树三和陈潭秋等兄弟数人，登上陈策楼。站在陈策楼上观景的陈树三脱口而出："陈策楼前谁陈策？"陈潭秋立刻意识到五哥有所指，是要把陈策救国的重任让弟兄们担起来，他遥望陈策楼对面的独尊山应声答道："独尊山上我独尊。"表达了自己愿意担当起救国救民重任的志向。在一旁的父亲听了兄弟俩的敏捷对答，以及其中的深意，内心非常高兴。

有一次，陈树三突然问起陈潭秋："你为什么叫陈澄？"陈潭秋一愣，陈树三亲切地对弟弟说，"你的名字叫陈澄，就是要澄清浑浊世界的意思，你长大后，要努力去澄清这个世道。"听了五哥的这番话，陈潭秋深有感触，拉着五哥的手说："那潭秋的意思，就是深潭逢秋，清澈见底喽！我定要正直为人，为民众办事终生。"陈树三高兴地把陈潭秋抱住说："对呀！你真聪明。"

陈潭秋的青少年时代，正值晚清，列强入侵中国，地主豪绅穷凶极恶。陈潭秋看到百业凋敝，民不聊生，遇上荒年，饿殍载道，尸横遍野。这些悲惨的景象，深深印在陈潭秋的脑海中，激起他对这不公平世道的愤怒。五哥陈树三给他讲的一些民主主义思想，对他启发很大，他暗自下决心，要除掉浑浊世界的害虫。

1912年夏天，陈潭秋从武昌省立一中放假回家，来到团风镇。陈潭秋刚一下船，就遇上团风镇上一个绰号"活阎王"的大恶霸陈大狂领着几个监工，手拿皮鞭，劈头盖脸地抽打码头工人，强迫背着沉重粮包的码头工人不停地往船上装运粮食，丝毫不让休息。装运工人衣不蔽体，早已汗流浃背，身上还有皮鞭的印痕。有的人实在撑不住了，被踢倒在地上；他们挣扎着爬起来，刚刚伸直了腰，又被沉重的粮包压弯。有的工人脸上留着明显的鞭痕，鲜血从嘴角流出来。他们艰难地吐出一大口鲜血之后，愤愤不平地咒骂"活阎王"。

忽然，一个白发老人高声叫着："卖报！卖报！今天的《汉口新闻报》《大江报》。"工人们有的慢下来，想听一听，有的趁机丢下粮包向老人围拢过来。见到此情景，"活阎王"怒火中烧，指使一个身体壮硕、高大威猛的监工去把老人的报纸抢过来丢到江中。卖报老人紧紧地抱住报纸，苦苦哀求说："老爷，丢不得，我全家都靠我卖报吃饭呀！"监工不松手，老人也用尽全身力气，护住自己的报纸，两个人扭在一起，争执不下。

陈潭秋毫不犹豫地走过去，大声喊道："住手！""活阎王"见到学生打扮的陈潭秋居然敢管他的事情，满不在乎地说："谁家的毛伢子！敢管我的闲事，快点儿滚开！"那个壮硕的监工早已停止了和卖报老人的争执，走过来向陈潭秋举起了手中的皮鞭。陈潭秋毫不畏惧，顺手抓住皮鞭，厉声说道："你们知道现在是什么世道吗？连清朝皇帝都被推翻了，你还在这里横行霸道，欺压百姓。卖报，有什么错？你敢将报纸丢了，革命党来了，当心要了你的脑袋！"

"活阎王"听了，一时怔住了，他霸道惯了，何曾听到过这样的话？又看到陈潭秋大义凛然，刚才还神气十足的"活阎王"和他的手下，像撒了气的皮球，灰溜溜地走开了。陈潭秋上前扶住卖报老汉，看了一下报纸，然后大声喊起来："卖报！卖报！《汉口新闻报》《大江报》，特大新闻，革命军又打胜仗了，好消息！好消息！"他的声音在码头坚定地响起来。陈潭秋"英勇仗义，为民抗暴"的佳话，在团风镇传播开了。

二、向共产主义者转变

1915年夏天，陈潭秋以优异的成绩从省立一中毕业了。他准备考大学，利用考大学前的时间在中华大学补习功课。

当时陈潭秋和同学们一样，对于报考什么学校，学什么专业，将来做什么工作，都有不同的想法和议论，概括起来主要有两种：一种是教育救国论。他们的志向就是将来做教师，开民智，为国家培养人才。一种是实业救国论。立志专攻理工，毕业后办工厂，建实业，发展科学技术，使国富民强。陈潭秋早就有了自己的主意，他认为"救国是政治问题，教育决不能救国"。兴办实业是十分必要的，但不能解决根本问题。陈潭秋认为要拯救中国，还是要用先进的思想来改造社会；要寻找先进的思想，首先要了解世界文化。当时西风东渐，一些外国的思想已经传到中国。陈潭秋记得五哥曾说过的一句话："外语是沟通世界文化的门窗"，他决定报考武昌高等师范学校英语部。

1916年，陈潭秋考入国立武昌高等师范学校英语部，为寻找新思想，他经常到学校图书馆阅读《新青年》等进步书刊，如饥似渴地学习新知识，汲取新思想。

善于交友的陈潭秋，经常和同学们讨论救国救民的道理。陈潭秋学习也非常用功，是班上的高材生。他还特别喜欢体育活动，尤其喜欢踢足球。

陈潭秋的大学生活是多姿多彩的。时间过得真快，1917年，陈潭秋已经在武昌高师学习了两个年头。

关注国内国际形势的陈潭秋，在俄国十月革命胜利后，很快就得到了消息，他关注着俄国发生的变化，并开始研究中国的社会问题。

1918年，陈潭秋看到了李大钊的《法俄革命之比较观》《庶民的胜利》《布尔什维主义的胜利》等文章，十分赞同文章中写的"1917年的俄国革命，是20世纪中世界革命的先声"，"人道的警钟响了！自由的曙光现了！试看将来的环球，必是赤旗的世界"等观点。他认识到要打倒帝国主义，求得中华民族的独立和解放，必须向苏维埃俄国学习，走十月社会主义革命的道路，这就是中国的希望所在。

陈潭秋在武昌高师快要毕业的时候，1919年，五四运动爆发，陈潭秋以极大的热情投入了反帝爱国运动。他与恽代英一起组织武汉学生联合会，率领武昌高师英语部同学上街游行示威，并被推选为武汉学生代表之一到上海联络各地学联。

6月，他随武汉学生参观团到南京、上海等地参观、学习，经同班同学倪季端介绍，在上海结识了董必武。他俩志同道合，一见如故。

当时，思想界正掀起改造中国、改造社会的讨论热潮，他俩以极大的热忱关心并参加了这场讨论。他们反复思考一个使他们困惑的问题：为什么孙中山先生领导的中国革命一次次地失败，而俄国的革命却能够取得胜利？在他们苦苦思索，寻求救国救民真理的时候，李汉俊从东京帝国大学毕业回国，经詹大悲介绍，与董必武、陈潭秋成为密友。李汉俊带回了许多有关马克思主义和俄国十月革命的书籍，并详细介绍了俄国十月革命的情况，犹如一盏明灯照亮了黑夜中的探索者。经过反复学习讨论，他们"逐渐了解俄国革命中列宁党的宗旨和工作方法与孙中山先生革命的宗旨和工作方法迥然不同"。孙中山"总是靠军阀"，"路子不对头"。他们觉得"中国还是要革命，要打倒列强，要除军阀"，但是，这种革命"要唤醒民众"，要"从头来"，"走十月革命的道路"。唤醒民众，就要在工农和学生中做马克思主义的宣传和启蒙工作。大家商定要回到湖北"办报纸、办学校，鼓吹革命，教育青年"。

8月，陈潭秋、董必武和张国恩等人先后回到了武汉，开始传播马克思主义，开展革命活动。由于十月革命的影响，五四运动的锻炼，对马克思主义著作的热烈学习和讨论，认识的飞跃，陈潭秋开始接受马克思主义，向共产主义者转变。

陈潭秋从上海回到武汉后，没有考虑去谋什么职业，而是邀集林育南、萧仁鹄、刘艺祖等黄冈同乡，回到家乡，向群众宣传，发动贫苦农民。

陈潭秋认为：我们必须认清革命运动的民众力量，要一反以前英雄时代的鲁莽起义挥三尺剑的态度，要积极唤醒民众的力量抵御列强进而由民众夺取政权，推翻反动军阀统治，革新社会的基础。他们一行数人，身背油印传单、演戏用的服装道具，活跃在陈策楼、八斗塆、回龙山等地。他们吃住在农民家中，决心和贫苦农民交朋友。在乡间，他们用演讲、唱文明戏等形式，揭露帝国主义的侵略罪行。他们还自编自演小话剧《九头蛇》，剧中叙述一个豪绅地主残酷剥削和压迫一户佃农，这种剥削和压迫就像一条毒蛇，紧紧缠住佃农，使之陷于死亡的绝境。这次演出得到贫苦农民的一致称赞，他们对陈潭秋说："演得真像啊！"这些宣传活动，给广大民众留下了深刻的印象，在贫苦农民中播下了反帝反封建的革命火种。

三、参与创建中国共产党

1919年秋，陈潭秋、董必武先后回到武昌，他们在上海曾拟定办报计划，因集资困难，报纸未办成。陈潭秋暂时在《大汉报》和《汉口新闻报》担任新闻记者，经常撰写宣传新思想的文章和报道。董必武在陈潭秋的协助下，经多方筹划，克服重重困难，终于办起私立武汉中学。校舍是几间平房，条件简陋。他们开办这所学校是为了宣传马克思主义，传播新文化、新思想，建立一个培养革命人才和开展革命活动的阵地。招生广告一经贴出，报名应试的非常踊跃。

1920年4月10日，武汉中学招收两班学生正式开学，陈潭秋受聘为该校教员。董必武、陈潭秋十分注重对学生进行思想教育。董必武讲授两个班的国文，"就是考虑国文是搞思想的"。陈潭秋任英语教员兼乙班级主任。他住在校内经常跟学生在一起，了解学生的思想情况，做学生的思想工作，学生都很尊敬他。

在课堂上，陈潭秋总是把课本一放，从身边问题很自然地过渡到国内外大事，然后再讲课；课外，他经常跟学生们散步谈心，或在操场，或到江边。有时，他指着远处纱厂浓烟滚滚的烟囱，跟学生讲工人劳动的辛苦，讲剩余价值的道理；有时，他对着波涛滚滚的长江，跟学生讲人类历史的演变，社会发展的规律。他还经常过问学生的家庭情况，以及对时局的看法，启发他们关心社会问题。

董必武、陈潭秋在武汉中学教书，基本上是尽义务，陈潭秋只拿够个人生活的少量工资。在他们行动的影响下，其他教职员也自愿拿较低的工资，有的干脆不拿工资。

在陈潭秋、董必武的指导下，武汉中学成立了学生会组织。学生会办了《武汉中学周刊》（后改为月刊），宣传反帝爱国思想，宣传唯物史观，并公开发行。学生会还编写了《政治问答》读本，讲解什么是俄国新经济政策等问题，引导学生阅读《新青年》《湘江评论》《觉悟》《共产党宣言》和《共产主义ABC》等革命书刊。同时，陈潭秋在学校组织起"青年读书会"，把师生集中起来学习研究马克思主义理论。他在一次学习会上讲道："一个革命党人，应该掌握革命理论。我们不是为了咬文嚼字才来办读书会。办读书会，学习革命理论，是为了救我们的国家，救被压迫的劳动人民。"他还特别指出："不懂得马克思主义，不懂得十月革命，就等于是聋子、瞎子，找不到路。"

学习革命理论必须结合实际。陈潭秋经常指导武汉中学师生到工厂和学校附近的农村去办平民夜校、办工人子弟学校、办识字班，使师生了解工人、农民受剥削、受压迫的情况，向工人、农民传授科学文化知识，宣传团结起来求翻身的革命道理。寒暑假期间，他们组织师生到黄安（今红安）、麻城、咸宁等县农村搞社会调查，并要求每个人回来交一篇文章或一首诗歌，总结自己的收获体会；并选择内容较好的作品，在《武汉中学月刊》上发表。

在董必武、陈潭秋的聘请、邀约下，武汉中学聚集了一大批革命的先驱者，如刘子通、黄负生、钱亦石、陈荫林先后到该校任教；李大钊、恽代英、李汉俊也到校作过讲演。他们还团结了一批正直爱国、同情革命的进步知识分子。因此，私立武汉中学成了当时武汉地区传播马克思主义的中心，为湖北党的早期组织建设打下了良好的基础。

参加建立上海共产主义小组的李汉俊，在1920年六七月间写信给董必武，相约在武汉筹建共产党的组织。董必武很快回信，表示愿意在武汉筹建共产党组织。他立即邀请陈潭秋、张国恩共同参加组建活动。陈潭秋表示赞同，随即共同发起，物色对象，积极开展组建工作。

1920年8月，由董必武、陈潭秋、包惠僧、刘伯垂、张国恩、郑凯卿、赵子健7人在武昌正式成立了武汉共产主义小组，取名"共产党武汉支部"，会议选举包惠僧为支部书记。年底，包惠僧准备去莫斯科学习，离开武汉，小组工作由陈潭秋负责。

武汉共产主义小组正式成立以后，大力开展马克思主义的学习、宣传活动。董必武、陈潭秋组织了马克思学说研究会，作为小组公开活动的组织形式。先后参加这个研究会的有20多人。研究会规定每两周开一次会，报告各自读书的心得体会。李大钊到武汉时，董必武请他在研究会上做讲演。陈潭秋常在研究会上报告他的学习心得。通过学习和研究，坚定了研究会成员对马克思主义的信仰，后来他们中的大多数都参加了中国共产党，有些人成为共产党领导中国革命的骨干力量。

利用学校讲坛对知识青年宣传马克思主义是一种很好的形式。武汉共产主义小组成员中有4个人的公开职业是教员，他们利用自己的合法身份，在青年学生中进行革命宣传。陈潭秋除在武汉中学任教外，1921年又与倪季端等人一起创办了共进中学。另外，陈潭秋还在湖北省立女子师范、武昌高师附小等学校任教。

为扩大马克思主义的宣传，陈潭秋和董必武等人在学校和教员中先后组织了"青年读书会""妇女读书会""新教育社"等团体，并经常在读书会上作报告。

武汉共产主义小组成立后，从1921年春天起，陈潭秋先后介绍了黄负生、刘子通、张培鑫、董觉生等入党，为武汉地区共产党组织的初期发展做了重要贡献。

1921年6月，武汉共产主义小组接到上海共产主义小组的来信，请各地派出两名代表，出席在上海召开的中国共产党第一次全国代表大会，同时，寄给每个代表100元路费。这时武汉共产主义小组负责人包惠僧已由上海去广东，董必武召集小组成员开会，宣布了这一好消息，与会者无比兴奋。经过小组成员酝酿，一致推选董必武、陈潭秋为武汉共产主义小组出席中国共产党第一次全国代表大会的代表。不久，董必武和陈潭秋一起乘船东下，在7月20日左右到达上海。

7月23日，中国共产党第一次全国代表大会在上海正式召开，董必武、陈潭秋代表武汉共产主义小组出席了这次具有划时代意义的会议。会上，当共产国际代表马林用英语讲话时，陈潭秋听得很出神，并不时给坐在旁边的董必武转译讲话的内容。陈潭秋和代表们广泛接触，就一些重要问题反复磋商。

当讨论大会决议时，有人认为："我们与孙中山是代表两个敌对的阶级，没有妥协的可能，我们对孙中山，应当与对北洋军阀一样，甚至还要更严厉些，因为他在群众中有欺骗作用。"陈潭秋认为这种观点是错误的，不能把孙中山与北洋军阀相提并论。有人问："孙中山不也是资产阶级的一个集团吗？"陈潭秋说："半殖民地半封建的中国，革命不可能是一步登天的，恐怕是要经过一些曲折的道路，我们一方面要坚定阶级立场与资产阶级斗争到底，另一方面对反动统治阶级的人和事也要分一个青红皂白，分别对待。这样，我们的党才能得人心，才能站在正义方面，才能扩大我们的政治影响，争取革命的大多数。"陈潭秋的这些意见得到多数代表的赞同。最后会议通过了下列原则："对孙中山主义，采取批评态度；而对于某些进步的运动，则采取党外合作的形式来援助他。"这一原则的决定，可以说对于以后国共两党的合作，发展广大的反帝反北洋军阀的运动，打下了一种根基。这次大会正式宣告了中国共产党的成立。陈潭秋认为中国共产党的诞生具有十分重大的意义，他说："我党不仅是中国无产阶级的先锋队，而且是全民族和全中国人民的领袖"，中国共产党"始终在布尔什维克道路上前进"。

参加中国共产党第一次全国代表大会，陈潭秋以他的思想与行动成为党的创始人之一。中国共产党的诞生具有十分重大的意义，参与和见证这个过程是他生命史上的大事。1936年7月，中国共产党成立15周年之际，远在莫斯科的陈潭秋，饱含激情地写下了《第一次代表大会的回忆》的文章，从他的角度写下了一大代表当时的风采和不同的道路选择。这篇文章曾发表在莫斯科《共产国际》月刊1936年第七卷第四、五期合刊，又刊登在巴黎《全民月刊》第一卷第七、八期合刊上，对于国际社会认识中国共产党起到了积极的作用，是不可多得的重要史料。

第一次代表大会的回忆

一九二一年的夏天，上海法租界蒲柏路，私立博文女校的楼上，在七月下半月，忽然新来了九个临时寓客。

楼下女学校，因为暑期休假，学生教员都回家去了，所以寂静得很，只有厨役一人，弄饭兼看门。他受熟人的委托，每天做饭给楼上的客人吃，并照管门户，不许闲人到房里去，如果没有他那位熟人介绍的话。他也不知道楼上住的客人是什么人，言语也不十分听得懂，因为他们都不会说上海话，有的湖南口音，有的湖北口音，还有的说北方话。

这些人原来就是各地共产主义小组的代表，为了正式组织共产党，约定到上海来开会的。这九个人是：长沙共产主义小组代表毛泽东同志、何叔衡同志；武汉共产主义小组的代表董必武同志和我；济南共产主义小组代表王尽美同志、邓恩铭同志，王、邓两同志那时是两个最活泼英俊的青年，后来王同志在努力工作中病死了，邓同志被捕，在济南被韩复榘枪毙了。还有一个北京的代表刘仁静，后来变成了托洛茨基的走卒，被党开除，现在国民党警察所特殊机关卖气力，专门反对共产党。一个广东代表包惠僧，国共分家后投降了国民党，依靠周佛海谋生活。再一个是留日共产主义小组代表周佛海，在广东时期，因行动违背共产党党纲，被党开除了。

这次到会的一共有十三个人，除上面九个人以外，还有北京代表张国焘同志，上海代表李汉俊与李达。李汉俊因为一贯保持其右倾观点，并与北洋军阀、政客相结纳，放弃了党的立场，在四次代表大会上被开除党籍，然而武汉国民党叛变后，他仍不免以"共匪"罪名死于桂系军阀枪弹之下。李达在五卅运动后，被伟大的革命浪潮推落到党的战斗队伍以外去了。还有一个广东代表陈公博，在陈炯明背叛孙中山以后，他帮助陈炯明反对孙中山，经党历次警告不听，最后被开除党籍，然而不久他竟然一变而为国民党的要人了。

"取消派"领袖陈独秀，在第一次代表大会以后，曾长期担任党的领导工作，后来在一九二七年革命紧急关头，用机会主义的投降政策，断送了大革命。然而他并没有出席党第一次代表大会，那时他在广东陈炯明部下任教育厅长。

七月底大会开幕了。大会组织非常简单，只推选张国焘同志为大会主席，毛泽东同志与周佛海任记录。就在博文女校楼上举行开幕式，正式会议是在李汉俊家中开的，大会进行了四天，讨论的问题是：当时政治形势，党的基本任务，党的章程，以及发展组织问题。

在这些问题的讨论中间，对于党的基本任务与组织原则曾经发生过严重的争论。一方面是以李汉俊为首的"公开马克思主义派"。他认为中国无产阶级太幼稚，不懂马克思主义，须要长期的宣传教育工作，因此，不赞成组织真正无产阶级政党，并且不主张为实现无产阶级专政而奋斗，而主张实现资产阶级民主政治，在资产阶级民主制下，再来公开的组织和教育无产阶级。所以他不主张立即进行职工会的组织，而要集中力量做学生运动与文化宣传工作，首先把知识分子组织好，施以马克思主义的理论教育，等候马克思主义在中国知识分子中有了普遍的影响，然后由这些知识分子去组织工人，教育工人。因此他不赞成组织严密的、战斗的工人政党，而主张团结先进知识分子，公开建立广泛的和平研究马克思主义理论的政党。基于同样的观点，他提出党员的条件是不论成分，学生也好，大学教授也好，只要他信仰马克思主义，了解马克思主义与宣传马克思主义的即可入党，至于是否实际参加党的一定组织担负党的一定工作，他认为是不关重要的。当时李达与陈公博拥护李汉俊的观点。

另〔一〕方面是以刘仁静为首的极"左"派。他主张以无产阶级专政为直接斗争的目标，反对参加资产阶级民主运动，反对任何合法运动；认为知识分子都是资产阶级的思想代表，一般应拒绝其入党。包惠僧是赞成刘仁静的意见。

大会大多数代表，严厉批评了两方面的错误意见，最后在原则上通过一个基本立场，以实现无产阶级专政为党的基本任务。但在过渡阶段的斗争策略上，不但不拒绝而且应当积极组织无产阶级来参加和领导资产阶级性的民主运动。决定建立严密的战斗的工人政党，并以职工运动为中心工作，但在一定的有利于无产阶级发展的条件下，应当利用公开合法运动。至于党的组织与党员入党的条件，则决定采取经过历史事变试验过的俄国布尔什维克的组织经验，反对孟什维克主义式的原则。这一原则的通过，已奠定了中国共产党布尔什维克的初步基础。

大会决定的第四天的夜晚，最后通过党章。下午八点钟晚饭后，齐集李汉俊寓所的楼上厢房里，主席刚刚宣布继续开会，楼上，客堂发现了一个獐头鼠目的穿长衫的人。当时李汉俊到客堂去询问他，他说是找各界联合会王会长，找错了房子，对不起，说毕扬长下楼而去。离李汉俊寓所的第三家，确实是上海各界联合会的会所。但是上海一般人都知道，各界联合会没有会长，也没有姓王的人。于是我们马上警觉到来人的可疑，立即收检文件分途散去，只李汉俊与陈公博未走。

果然，我们走后不到十分钟，有法华捕探（即上海法国租界华人捕探）等共九人来李汉俊家查抄，但除了公开出版的马克思主义的书籍以外，没有抄出其他可疑的东西，所以并没有逮捕人。

我们分散后，各人找旅馆住宿，不敢回博文女校，因为据我们的推测，侦探发现我们的会议，是由博文女校跟踪而得的。

我们原定会议期间是七天，被侦探发现后，决定缩短为五天。但是在上海我们再没有适宜开会的地方，于是决定乘火车到杭州西湖继续开会。到了上火车之前又想到西湖游人太多，遂中途变计，到离上海约三百里之嘉兴城下车，嘉兴有一个南湖，也时常有人雇船游览。我们借游湖为名，雇了一只大船，并预备酒食，在船上开会。

这是会议的最后一天，李汉俊与陈公博两人未出席，因为他们自昨夜事件发生后，即被侦探监视，不便行动，所以他们没有来嘉兴。

这一天早晨天色阴暗，但到了八时以后，即有不少游船往来湖上，对于我们的会议进行，殊感不便。到九时半以后，天忽大雨，游人均系舟登岸，大为败兴。然而对于我们倒很便利了。我们很放心地进行了一天的讨论，直到夜晚十一时闭会。

这一天的会议，除通过党章外，并讨论了对孙中山的态度与关系问题，最后讨论成立临时中央局与选举中央局委员。在讨论对孙中山的态度与关系问题时，曾发生过小的争论，包惠僧认为我们与孙中山是代表两个敌对的阶级，没有妥协的可能，他说我们对孙中山，应当与对北洋军阀一样，甚至还要更严厉些，因为他在群众中有欺骗作用。他的意见，被大会打击以后，当时通过下面原则：对孙中山主义，采取批评态度；而对于某些进步的运动，则采取党外合作的形式来援助他。这一原则的决定，可以说对于以后国共两党合作，发展广大的反帝反北洋军阀的运动，打下了一种根基。

当时正式成立了共产主义小组的除留日学生与留法勤工

学生外，只有北京、上海、武汉、广州、长沙、济南几个地方。其他如南京、成都、杭州等地则仅有个别通信关系的同志。但总计全国可以符合当时条件的党员，不过七十余人。因此，决定暂时不组织正式中央机关，只成立临时中央局，与各小组发生联系。确定党名为中国共产党，并选举张国焘、陈独秀、李达为临时中央局委员，周佛海、李汉俊、刘仁静为候补委员。

第一次代表大会就此告终，而领导中国革命，为中国民族解放与社会解放而奋斗的伟大政党——中国共产党——乃正式生产而呱呱坠地了。

中国共产党的年龄，虽然还很幼稚（现在只十五岁），然而，它经过了许多的风浪，艰苦的锻炼，巨大的牺牲。它在降世不久，即领导了全世界闻名的香港海员罢工、京汉铁路大罢工、开滦五矿同盟罢工，在这些罢工斗争中，它壮大了自己。于是它有力量组织了五卅运动，争取了大革命的领导权，组织了坚持十六个月的省港大罢工，组织了上海工人的三次起义，组织了有世界革命意义的、开辟中国苏维埃革命道路的广州起义。在国民党背叛革命以后，它的数万党员和干部以及无数的工农劳苦群众，曾牺牲在国民党的屠刀之下，然而这些党员、干部以及工农劳苦群众的鲜血，已经凝成了数十万的英勇红军与数百万方里的苏维埃区域。这些鲜血所凝成的赤色的果实，在今天民族危机与社会危机的紧迫情况下，有充分的力量与坚定的信心，它能够团结和统一一切反帝国主义反封建势力的力量，来胜利地完成中国人民的民族解放与社会解放的任务。

中国共产党在它十五周年纪念的时候，它所提出的反日人民统一战线，已经得到全国人民广大的反应，正在开展着广大的抗日斗争，它将在这一斗争中，要表现更伟大的作用。

党内思想斗争，是中国党的发展、健全、布尔什维克化的主要关键。党在第一次大会就开始了正确的党内斗争的传统，第一次大会反对孟什维克主义与极左派的斗争，八七会议反对陈独秀机会主义的斗争，六次大会反对机会主义与盲动主义的斗争，四中全会反"立三主义"，反罗章龙右派以及反对对"立三路线"的调和主义的斗争，都逐步地推动了党走上布尔什维克化的道路。

最近十五年来因为中国革命运动的发展，因为中国党的艰苦奋斗，一般老的党员，有的在斗争中牺牲了，有的被革命风浪打落了。计算出席第一次大会及那一时期的党员，现在存留在党内的，真是寥寥无几。然而党在第一次大会后新生的力量，在党内外斗争中锻炼出来的党的、苏维埃的、红军的优秀领袖，如我们最敬爱的毛泽东、朱德，以及其他同志，正在领导着中国人民作伟大的有历史意义的斗争。

中国共产党在第一次大会时，虽然与共产国际还未正式发生组织上的关系，然而它的总路线与组织原则的决定，是直接以列宁、斯大林的布尔什维克党与共产国际为模范的。党在第二次代表大会上即决定正式加入共产国际。自此以后中国共产党的全部生活，一切的斗争，党的全部政策，红军苏维埃的发展与巩固，无一不得力于共产国际之指导与帮助。正因为如此，中国共产党对共产国际的尊重、信赖与忠实，也是与本身的进步与发展程度同时加强的。

四、领导京汉铁路工人大罢工

中国共产党第一次全国代表大会之后，董必武、陈潭秋回到武汉。他们以武汉中学为据点进行宣传和组织工作，在学生中陆续建立起党、团支部。中共武汉区委和中国劳动组合书记部长江支部的建立，加强了对武汉地区工人运动的领导，掀起了武汉地区第一次工人运动的高潮。

1921年11月，陈潭秋带着中共一大的精神回到家乡黄冈，召集陈策楼、八斗塆两地的党员成立了陈策楼、八斗塆两个党小组，分别由萧仁鹄、胡亮寅任组长。1922年春，根据形势的需要，按照陈潭秋的指示，这两个党小组先后发展成为两个党支部，即陈策楼党支部、八斗塆党支部，由陈学渭、胡亮寅分别担任支部书记。陈策楼、八斗塆党支部的创立，是鄂东地区开天辟地的大事，它开创了鄂东历史的新纪元。在党组织的领导下，黄冈人民迅速投身于大革命的热潮之中，黄冈"农民运动，发展甚速……尤开湖北农运之先河"，当时被赞誉为"赤色满县，生气勃勃"。而黄冈这种如火如荼革命浪潮的中心"就是陈潭秋的家乡陈策楼和八斗塆"。大革命失败后，国民党新军阀极力摧残大别山革命势力，曾在一个报告中说："查黄冈县党部在秘密时期设在陈策楼地方，向由陈防武、陈学渭、陈耀寰、胡燮、吴履松、魏梦龄等所主持。陈等因共产党重要人物陈潭秋的关系，得以加入共产党，组织秘密党团，无论任何会议，该党之主张，均能通过……"

1921年11月，他们经过党、团组织领导武汉中学学生会发起一次反对"盐斤加价"的示威游行。在汉口歆生路老圃花园召开了上万人的群众大会。陈潭秋在会上讲了话。他揭露了军阀吴佩孚以食盐涨价、搜刮民脂民膏来扩充军费的反动实质。年底，根据中共中央局"11月通告"精神，中共武汉区执行委员会正式成立，委员有包惠僧、陈潭秋、黄负生、董必武，陈潭秋负责组织工作。1922年春，陈潭秋离开武汉中学到武昌高师附属小学任教，同时兼任湖北女师、共进中学等校的教职。从此，他住在高师附小，以教书做掩护，专门从事党的工作。陈潭秋十分注意培养工人积极分子。他经常深入到工人群众中去了解情况，跟工人交朋友，参与筹划成立了粤汉铁路武昌徐家棚工人补习学校，参加领导了汉口人力车工人的罢工斗争。

1922年6月30日，中共中央给共产国际的报告中就明确指出，汉口方面的劳工运动的主要任务之一就是组织"京汉铁路工人俱乐部"。武汉党组织和陈潭秋把工人工作的重点放在了工人比较集中的地区——汉口江岸。

江岸在武汉北郊，1901年法国人在刘家庙开设了江岸机械厂，随后又增设了车头厂、车务厂、工务厂，京汉铁路在这里设立了一个火车站和机务段，有一千多工人。

俗话说："人一上百，形形色色。"封建思想帮派的思想也影响着这里的工人，他们辛苦劳作之余，也拉帮结派，势力比较大的两个帮派是湖北帮和三江帮，势均力敌，工人们选择一个帮派来做自己的靠山，两派之间的争斗，影响了工人的团结。

中共武汉区委和武汉劳动组合书记部都认识到，要团结工人，就必须消除帮派的门户之见，成立工人群众的统一组织。他们开始物色正直的工人积极分子。

1921年底，武汉党组织派了模范大工厂的纺织工人项德隆（项英）到刘家庙江岸车站筹办江岸工人俱乐部。项德隆到江岸后，先租好了筹备处办公地点，挂出"京汉铁路江岸工人俱乐部"的牌子，他自己任筹备处的文书，负责日常事务。俱乐部里备有象棋、围棋等娱乐用具，还组织唱戏、演讲等活动，又开办了夜校，项德隆自己担任教员，教工人识字，讲工人生活为什么这么苦等道理。俱乐部活动十分活跃，项德隆与各方面的人事关系都处理得非常好。

这年冬天的一天，武汉劳动组合书记部在研究江岸工人情况时，项德隆向陈潭秋介绍了工人中积极分子的情况，特别提到一个人——林祥谦。林祥谦出身贫苦农民家庭，13岁的时候跟随父亲到马尾造船厂做徒工，由于没有钱给把头进贡，三年的学徒期满后没有当上正式工。1912年，林祥谦到江岸机械厂当钳工。他为人正直，富有正义感，也乐于助人，在工人中威信很高；如果他出来负责俱乐部的工作，对开展江岸地区的工人运动将大有益处。

陈潭秋听了以后很高兴，他说："我们今后应该加强对林祥谦的教育和帮助。"陈潭秋亲自和林祥谦见面交谈。

出身贫苦的林祥谦当时在社会上一直被人看不起，想不到一个大学毕业的记者能来见自己，还主动提出交朋友，心中很感动。陈潭秋便经常与他促膝谈心，从工人为什么受压迫谈起，直讲到只有实行共产主义才是最后解放之路。林祥谦有了阶级觉悟后，要求加入党组织。

1921年底的一个星期天，江岸机械厂的老工人刘寿真和工人中威信高、影响大的积极分子林祥谦、杨德甫、黄桂荣、曾玉良等来到劳动组合书记部机关见陈潭秋等人。听完林祥谦讲述的工人的痛苦和自己的身世之后，陈潭秋激动地说："工人兄弟的生活实在太苦了，一天到晚地干活，累死累活，却养不活家小。我们工人的这种苦处是帝国主义和军阀带来的，帝国主义在我们国家开工厂、办银行、筑铁路，利用我们的廉价劳动力赚了许多钱，充当帝国主义走狗的军阀也从中捞了一笔，大发横财。他们赚的钱越多，我们的生活就越苦；要摆脱这种困苦状况，唯一的办法就是组织起来，同帝国主义、封建军阀进行斗争。你们回去以后，要把各地来的穷哥们联系在一起，成立工人自己的组织，拧成一股绳，人心齐了才有力量。"林祥谦等人听了陈潭秋这一番话，感到心里开了窍，连连点头。

几星期后，林祥谦、曾玉良等人来到武昌找到陈潭秋，向他汇报情况。他们说穷哥们都串联起来了，就是不知道怎样从头做起。陈潭秋对他们的工作给予肯定，兴奋地向他们介绍各地工人运动开展的情况。陈潭秋说："北方的长辛店正热火朝天地办工人俱乐部，俱乐部为工人办了许多事情，把工人们团聚在俱乐部周围。俱乐部为工人撑腰，领他们开会游行，纪念五一国际劳动节，为工人争得了许多利益，如今工人坐火车也不要票了。工人有了俱乐部，什么事儿就有人领头干！"

曾玉良急切地问："长辛店工人哪来的这么大的胆量，不要票坐火车，不上工去开会，不怕厂里、站上罚钱吗？"

陈潭秋笑着回答说："他们胆量大，是因为有了工人俱乐部，人心齐，当然力量大嘛！"

林祥谦激动地站起来说："对了，我们也照着办，马上成立江岸工人俱乐部。"

林祥谦和曾玉良等分别深入工厂、车间、工棚，找工人们谈心，说明穷哥们抱成一团，拧成一股绳，联合起来力量大的道理，讲述他们听到的长辛店工人俱乐部的故事。听了他们的话，工人们和他们的想法一样，都希望立即组织起来，争取自己的利益。

1922年1月22日，江岸京汉铁路工人俱乐部在刘家庙老君殿召开成立大会，到会的工友有八九百人，还有来自京汉铁路沿线各站、厂和俱乐部的代表以及武汉党组织和武汉劳动组合书记部派的代表。上午11时正式宣布开会，大会主席说："本俱乐部的成立，全是各工友努力的结果。以后还期盼大家更加努力，互相辅助，共同进步。""俱乐部的宗旨是：保证生活，增高人格，改良习惯。"李汉俊在会上讲了《日本劳动组合的情况与中国工人组合的步骤》，包惠僧代表《劳动周刊》在会上作了《新文化运动与工人运动》的发言。很多工人代表都发了言，表示一定要把俱乐部办好，一定要为工人谋利益。大会选举了杨德甫、林祥谦、曾玉良、黄桂荣为俱乐部干事，聘请项德隆为文书，施洋为法律顾问。在锣鼓声和鞭炮声中，江岸京汉铁路工人俱乐部正式成立了。

江岸铁路工人俱乐部成立的消息，像长了翅膀一样，迅速传播开来，人们奔走相告，为有自己的俱乐部而高兴，很快各地的俱乐部像雨后春笋般成立起来了。

到1922年春天，京汉铁路全线已成立了16个工人俱乐部。这么多的工人俱乐部成立起来，需要有一个总的领导。于是1922年4月9日长辛店召集全路代表会议，决定成立总工会。8月10日又在郑州召集全路代表会议，决定总工会地点设在全路中心——郑州。在成立大会还没有召开之前，由总工会筹备处行使职权。1923年1月5日在汉口召集总工会委员长会议，确定2月1日在郑州召开京汉铁路总工会成立大会，邀请各工团到郑州参加成立典礼。

陈潭秋代表武汉党组织以新闻记者身份随代表团一道前往郑州，

出席总工会的成立大会。在武汉党的领导下，武汉共30余个团体，派出代表130余人前往郑州出席大会；此外还有男女学生及新闻界30余人、音乐队12人同行。

1923年1月31日下午7时，陈潭秋、林育南、林祥谦、施洋、林育英、项德隆、许白昊、李求实、李汉俊等到达郑州车站。沿路各大站都有工人列队迎送，茶点招待，鞭炮齐鸣，掌声雷动。工人们高呼"劳工神圣""工人万岁"等口号，秩序井然，热烈异常。

京汉铁路总工会的成立大会，遭到军阀吴佩孚武力阻挠，代表们冲破军阀的无理阻拦，2月1日如期召开，正式宣告京汉铁路总工会成立。当晚总工会召开秘密会议，决定2月4日举行全路总同盟罢工。总工会当即决定把办公地点临时迁到汉口江岸。

陈潭秋受中共武汉区委指派，参与了京汉铁路总工会江岸临时办公处的领导工作，他连夜返回武汉。2月2日晚，在江岸俱乐部召开了有中共党员和各工会负责人参加的紧急会议，提出两条要求：一、撤换京汉铁路局局长赵继贤、南段处长冯沄。二、惩罚干涉工会成立的军警。同时，函请湖北全省工团联合会为京汉铁路工人声援。3日，总工会临时办公处在江岸正式办公。

2月4日晨，全路各分会代表一齐到汉口开会，决定立即实现罢工。郑州9时罢工，江岸10时罢工，长辛店11时罢工，刘家庙以北各站，在午前12时一律罢工，发表罢工宣言，提出最低限度条件五项。京汉铁路3万多工人举行总同盟罢工，全路所有客车、货车、军用车一律停驶，中国腹地的一条大动脉全线瘫痪。

罢工开始后，陈潭秋夜以继日地投入了罢工斗争的具体领导工作。他一方面与林祥谦、项德隆保持密切联系，了解罢工斗争全局情况；一方面常与施洋、林育南、李汉俊、李求实和李大钊等研究对策，组织力量。

2月6日，陈潭秋、许白昊、林育南组织武汉地区几十个工会团体及学联队伍，在汉口江岸召开万人慰问大会，声援罢工斗争，会后举行声势浩大的示威游行。汹涌的革命洪流，使帝国主义及其走狗军阀吴佩孚惊恐、恼怒，他们密谋策划，于次日制造了震惊中外的"二七惨案"。

当反动军警包围江岸工人俱乐部、血腥屠杀罢工工人的时候，陈潭秋对夏之栩等女同学说："今天可能有危险，你们女同学先回去。"陈潭秋始终在现场领导着斗争，直到晚上，他才离开江岸返回武昌。惨案发生后，反动当局大肆搜捕罢工的领导者。2月7日晚，他们逮捕了"劳工律师"施洋，于2月15日杀害于武昌。

京汉铁路工人大罢工是中国共产党领导的第一次工人运动高潮的顶点，它进一步显示了中国工人阶级的力量，扩大了党在全国人民中的影响。罢工虽然失败了，但是工人的生命和鲜血进一步唤醒了中国人民，使他们更加清楚地认识到帝国主义和封建军阀是中国人民的敌人，必须与之斗争到底，才能获得真正的自由和解放。

在险恶的形势面前，陈潭秋以大无畏的革命气概坚持斗争。有时，他礼帽长衫，戴着墨镜，俨然一个阔佬模样；有时，他浑身褴褛，提着竹篮，活脱一个小贩形象。1923年4月12日，为日本帝国主义拒绝按期归还旅顺、大连于我国一事，陈潭秋与董必武等在汉口老圃花园召开了5万余人参加的国民大会。大会强烈要求对日实行经济绝交，提出"抵制日货""废止二十一条"等口号，掀起了武汉地区新的反帝浪潮。董必武在总结创建湖北党组织的工作时说道："潭秋一参加党就拼命干。"这是对陈潭秋在建党初期战斗生活的真实写照。

反动当局在大屠杀之后，又公开悬赏缉拿陈潭秋、林育南、许白昊、项德隆等大批党和工会的领导人，陈潭秋在何定杰的掩护下转入地下。不久，党组织将他调往安源，继续从事工运工作。

五、到安源矿工中去

二七惨案后，陈潭秋秘密离开武昌，在5月份到了江西安源，参加中共安源地委的工作，分管宣传教育和青年团工作。1923年12月，在青年团安源地委第三届委员会上，陈潭秋当选为地委委员，不久接替陆沉任团地委书记，一直到1924年秋离开安源。

安源是中国工人革命运动和湘赣边界秋收起义的策源地、爆发地之一；由株萍铁路和萍乡煤矿合称为安源路矿，是中国共产党最初开展工作的重点区域之一。

中国共产党刚成立不久，毛泽东、刘少奇、李立三等老一辈无产阶级革命家先后来到安源，开展革命运动。1922年，安源煤矿创建了党在中国产业工人中的第一个支部——安源路矿支部。1922年9月14日凌晨，安源路矿两局一万三千余工人，在中国共产党领导下，为了增加工资、改善待遇、组织团体，以"从前是牛马，现在要做人"为战斗口号，开始了第一次大罢工。经过5天的激烈斗争，迫使路矿当局签订了十三条协议，取得了罢工的完全胜利，创造了全国第一次工人运动高潮中"绝无而仅有的"成功范例，为安源工人运动长期持续地发展奠定了坚实的基础。

1923年6月，陈潭秋与林育南、项英代表湖北党组织出席了在广州召开的中国共产党第三次全国代表大会。陈潭秋在会上作了京汉铁路二七惨案的报告。大会闭幕后，陈潭秋又回到了安源。在安源，他深入工棚、矿井、工厂，找工人谈心，学习毛泽东、刘少奇、李立三等领导安源工人斗争的经验，继续开展革命运动。

在总结二七大罢工的经验教训时，陈潭秋深感二七大罢工虽然失败了，但工人们吹响的战斗号角，却好像"晓霞飞动，惊醒了五千余年的沉梦"，他们的英勇奋战精神，值得四万万同胞同声歌颂。他号召全国的劳工，要继续"猛攻！猛攻！捶碎这帝国主义万恶丛"！

在安源，陈潭秋特别重视党教育和组织工人的阵地——工人夜校和职工子弟学校。他在兼任俱乐部教育股负责人期间，采取了有力措施，加强对工人学校的领导，把当时从各地转移到安源的一批党的干部，安排到学校任教或主事；他还增设学校，使距离矿区和铁路沿线较远的地区的工友和工人子弟也能有机会上学受教育，他还改进教授方法，通俗易懂地向工人讲解马克思主义，传播社会主义思想。

由于中共安源地委的重视，陈潭秋具体有力的领导，安源的工人教育有了比较大的发展。中国工人运动，自二七大罢工失败后，处在沉寂的时期，独有安源路矿工会，打破一些障碍，发展自如，被誉为"小莫斯科"。在安源，各种大的会议及示威活动，仍能继续公开举行。

早在1922年5月1日，陈潭秋就在《武汉星期评论》增刊号上发表《"五一"的略史》，阐明"劳动者，就是世界的创造者，就是我们人类生活的维持者。"要求工人联合起来，反对"这样昏沉的中国"统治者。

1924年，为庆祝五一节，陈潭秋又谱写了《"五一"纪念歌》：

> 五一节，真壮烈，
> 世界工人大团结！
> 发起芝加哥，
> 响应全世界。
> 西欧东亚与美洲，
> 年年溅满劳工血！
> 不达成功誓不休，
> 望大家，齐努力，
> 切莫辜负五一节！

这首歌，先在工人夜校和工人子弟学校中教唱，由于通俗易懂，反映了工人阶级的心声，很快就传遍了全矿区，安源工人男女老少都会唱。

1924年5月1日清晨，下着蒙蒙细雨，一队队手持彩旗的安源路矿工人，从四面八方拥向俱乐部广场，举行隆重的五一纪念会。会后工人们高唱《"五一"纪念歌》，高呼"打倒帝国主义""打倒军阀""全世界无产者联合起来"的口号，精神抖擞地举行游行。陈潭秋谱写的这首歌一直被安源工人传唱了几十年，直到1949年，许多老工人仍然能熟练地唱起这首歌，迎接到来的人民解放军。这首歌一直激励着安源工人奋勇前进!

在陈潭秋的领导下,安源地方青年团的组织也有了很大发展,先后召开了三届代表大会,团支部发展到26个,团员人数为245人,绝大多数都加入了中国共产党。

1924年6月中旬,陈潭秋代表安源青年团组织,出席了湘区第二次代表大会,并被选为大会三名执行主席之一,参加和领导了大会的全过程。会后,陈潭秋和其他两位主席团成员向中央写了会议情况报告。

陈潭秋回到安源后,向安源地委报告了会议的情况,向安源路矿青年团各支部传达了会议精神,拟定执行决议措施。不久,由于革命形势发展需要,陈潭秋遵照党中央要求调回武汉工作。

六、积极推动国共合作

1924年1月,国民党召开了第一次全国代表大会。为推进国共合作,中共中央决定撤销武汉区委,成立汉口、武昌两个地委,直属中央领导;董必武任中共汉口地委委员长,陈潭秋任中共武昌地委委员长。

陈潭秋主持武昌地委工作后,根据党的三大会议精神,"中国共产党须与中国国民党合作,共产党员应加入国民党","中国国民党应该是国民革命之中心势力","我们希望社会上革命分子,大家都集中到中国国民党,使国民革命运动得以加速实现","中国共产党鉴于国际及中国之经济的政治的状况,鉴于中国社会的阶级(工人、农民、工商业家)之苦痛及要求,都急需一个国民革命。拥护工人农民的自身利益是我们不能一刻忽忘的;对于工人农民之宣传与组织是我们特殊的责任;引导工人农民参加国民革命更是我们的中心工作。我们的使命是以国民革命来解放被压迫的中国民族,更进而谋世界革命,解放全世界的被压迫的民族和被压迫的阶级"……一方面做党和群众运动方面的工作,同时又协助董必武组建湖北国民党的组织。在组织发展过程中，陈潭秋和董必武把拥护孙中山三大政策、赞成国共合作的，发展为国民党党员，叫做"入民校"；把斗争中有突出表现拥护共产党纲领的人，发展为共产党员，叫做"升大学"。这样，既使国民党组织得到扩大，又保证了共产党组织的发展，而且国共两党又相互区别。

1924年9月5日，"武汉反帝国主义运动大同盟"（简称"反帝大同盟"）在武昌中华大学召开成立大会，董必武、陈潭秋被选为执行委员。9月7日，反帝大同盟召开了"九七"国耻纪念大会，会上，董必武、陈潭秋提出收回汉口英租界的建议，得到了武汉人民的响应。

在革命形势高涨的情况下，陈潭秋清醒地看到了党内右倾思想的危险。12月，他在《中国青年》第59期上发表《国民党底分析》一文，用历史唯物主义的观点和马克思主义的阶级分析方法，全面地分析了国民党的历史、现状和本质等方面，对国民党进行了全面的剖析。他指出改组后的国民党，因党员的阶级性不同，存在着左、中、右三派，提出了我们党在统一战线内依靠谁、争取谁、反对谁的原则问题，批评了当时党内存在的右的和"左"的错误。

1925年1月，陈潭秋代表武昌地委出席了在上海召开的中国共产党第四次全国代表大会。这次大会第一次正式提出了无产阶级在民主革命中的领导权和工农联盟问题，正确地制定了党在民主革命中的策略，为群众革命斗争新高潮的到来做了理论上、思想上、组织上的准备。

1925年春，陈潭秋与徐全直结婚。早年，陈潭秋在武汉高师读书时，由父母包办，和黄冈的一个女子结婚，夫妻感情很好，可惜的是两人结婚不到一年，陈潭秋的妻子就因病去世了，悲伤的陈潭秋发誓不再娶，而是发奋读书，致力于事业。

1921年初，陈潭秋在湖北女师认识了徐全直，介绍她参加了社会主义青年团。后来，陈潭秋和徐全直等按照党的指示一起转移到安源从事工人运动和妇女运动。1924年，徐全直和陈潭秋一起调回武汉，在中共武昌地委从事妇女运动工作。在长期的革命斗争中，他们建立了深厚的友谊，结成革命伴侣。

1925年5月30日，上海学生两千余人在租界内散发传单，发表演说，抗议日本纱厂资本家镇压工人大罢工、打死工人顾正红，声援工人，并号召收回租界，被英国巡捕逮捕一百余人。下午万余群众聚集在英租界南京路老闸巡捕房门前，要求释放被捕学生，高呼"打倒帝国主义"等口号。英国巡捕竟开枪射击，当场打死13人，重伤数十人，逮捕150余人，造成震惊中外的五卅惨案。

五卅惨案的消息迅速传遍全国，各大、中城市纷纷罢工罢课，声援上海人民的反帝斗争，从而形成了更大规模的五卅反帝爱国运动。五卅惨案的消息传到武汉，激发了武汉人民的反帝革命风暴。6月2日，各校学生开始罢课，接着工人罢工，商人罢市，抗议帝国主义屠杀中国人民的罪行。

反帝斗争洪流，席卷武汉三镇，引起了帝国主义的极端仇视和恐惧，他们向武汉人民举起了屠刀。6月11日傍晚，当抗议帝国主义暴行的群众到江汉关集会时，英国水兵竟然用机枪扫射徒手群众，当场打死十多人，伤数十人，并把被杀者尸体拖到舰上，沉入江底，制造了骇人听闻的"六一一"惨案。6月23日，英帝国主义又在广州制造了"沙基惨案"。6月30日，武汉各团体外交后援会在武昌阅马场举行追悼沪、汉、粤死难同胞大会，参加群众有学生、工人和附近郊区农民6万多人，大会在陈潭秋、董必武的主持下，通过了收回汉口英租界、英政府应向我国政府道歉并赔偿伤亡抚恤及一切损失等六项决议。7月11日，武汉各界群众5万多人又在武昌公共体育场举行"汉口惨案"周月纪念大会。同时，陈潭秋还组织了以李书城为首的汉案调查团，到阳逻等地调查被英兵枪杀后投入江中的死难同胞，以血的事实，控诉帝国主义的滔天罪行。

9月初，中共武汉党组织决定在"九七"国耻纪念日前后，开展"反帝运动周"活动。这时，军阀萧耀南也故作姿态，表示"爱国"，打算组织一次水陆大游行。陈潭秋和董必武决定利用这个机会，广泛发动群众，参加这次活动。9月7日，武汉三镇号称

"三十万"的水陆大游行的队伍，如滔滔巨浪，汹涌而来，浩浩荡荡的游行队伍响亮地喊出"打倒帝国主义""打倒媚外军阀""誓死收回英租界"等口号。这次游行充分显示了武汉人民团结战斗的巨大力量，沉重打击了帝国主义，大大提高了中国人民的觉悟，揭开了大革命高潮的序幕。

经过陈潭秋和董必武等一段工作准备之后，1925年7月，国民党湖北省第一次代表大会召开，正式成立了以共产党人和国民党左派为核心的国民党湖北省执行委员会。董必武被选为执行委员，任书记长，陈潭秋任组织部长。组织部在陈潭秋的主持下，注意吸收工农分子参加国民党。到这年10月，湖北全省的国民党员中，工人、农民、青年学生占到了75%，大多数县区党部都掌握在共产党和国民党左派手中，为在全省开展工农运动，迎接国民革命军北伐，创造了有利条件。

1926年2月21日至24日，中共中央在北京召开特别会议，确定了党在当前的主要任务是"从各方面准备广东政府的北伐"，"不仅要在广东做军事准备，更要在广东以外北伐路线必经之湖北、湖南、河南、直隶等处预备民众奋起的迎接，特别是农民的组织"。为配合北伐军培养地方干部和组织发动民众，陈潭秋在武昌开办了"北伐宣传训练班"，他既是训练班负责人，又是教员。参加训练班的学员，多是从武汉各学校中挑选出来的共产党员、共青团员和国民党左派。一边教学的陈潭秋，还要照管他们的生活，密切关注他们的思想动态。陈潭秋非常注意培养学员分析问题和解决问题的能力，经常讲完课后，和学员一起讨论新学的内容，特别是研究如何通俗易懂地向农民进行革命宣传。陈潭秋说："理论要讲，事实也要讲，要把两者结合起来。问题在于怎样才算通俗易懂，给农民以深刻印象。"

1926年7月9日，国民革命军誓师北伐，主攻对象是吴佩孚，湖南湖北两省是北伐的重要战场。8月中旬，北伐军的先头部队已经到了湖南岳阳。8月23日，北伐军总司令部下达迅速向武汉推进的命令，北伐军随即向湖北南部的崇阳、咸宁等地推进，拉开了湖北战场的序幕。

形势的发展，迫切需要北伐宣传干部，陈潭秋决定提前结业北伐训练班，把学员派往前线。学员到达各县后，依据陈潭秋的要求，积极配合各县党团组织，成立国民党县党部，发动农民群众，组织农民协会，在湖北南部还组织了农民自卫队，配合北伐军作战。8月27日，北伐军勇夺汀泗桥；30日，再克贺胜桥；9月1日，北伐军第四军全部抵达武昌城外。吴佩孚残部龟缩在武昌城内，如犹斗的困兽。

陈潭秋协助董必武发动和领导武汉人民配合北伐军攻打武汉三镇。董必武在汉口、陈潭秋在武昌分别领导武汉各界人民开展对敌斗争。

当时的武汉已是一座被北伐军围困的孤城，吴佩孚迅速集结兵力，企图凭借长江、汉水固守武汉。为避免革命力量遭受损失，陈潭秋及时把许多同志转移到汉口，自己却和一部分党员留存在武昌城内作为北伐军攻城的内应。

9月2日，北伐军前敌指挥部决定以第四军并配属第一军第2师和第七军第7、第8旅主攻武昌城；第八军继续准备进攻汉阳、汉口；第七军第1、第2旅在鄂城（今鄂州）、樊口切断吴军长江交通，掩护攻城部队侧背安全；第一军第1师为总预备队，在崇阳待命。由于武昌城墙高筑，吴军防守严密，攻城部队在缺乏周密准备的情况下，先后于3日、5日两次攻城，均未奏效，且伤亡甚重，遂对武昌改取封锁围困。

第八军于8月26日开始在临湘、嘉鱼间陆续渡过长江，9月5日向汉阳发起攻击。吴军湖北暂编第2师倒戈，改编为国民革命军第十五军（刘佐龙任军长），配合第八军作战，6日攻占龟山。第八军第2师攻占汉阳兵工厂，第4师占领汉阳城。7日，第八军第2师渡过汉水，攻占汉口。吴佩孚率残部北逃。第八军主力乘胜追击，至16日相继占领武胜关、平靖关、鸡公山和九里关。国民革命军攻占汉阳、汉口后，武昌已成孤城。

武昌城被北伐军围困月余，城内粮食断绝。为了坚持斗争，陈潭秋领导群众寻找多种代食品，如芭蕉树心、鸡冠花、辣椒叶等，药店里的一些中药也曾被当做代食品来充饥。被围困月余的敌军，也断粮多日，几次突围不成受到打击，毫无斗志，军心不稳。董必武和陈潭秋通过多种关系策动敌军内部起义，不久，内部愿意起义者成立了"武昌攻城别动队总指挥部"，并向北伐军总政治部报告，愿意作为内应协助攻城。

9月中旬，第七军和第一军第2师奉调入赣作战，由第四、第十五军和第八军一部继续封锁围困武昌。10月8日，守军第3师师长吴俊卿率部投诚。10日，攻城部队在吴俊卿部接应下攻占武昌城，歼敌2万余人，生擒守城司令、第8师师长刘玉春和湖北督办兼中央第25师师长陈嘉谟。武昌战役胜利结束，武昌城内获得完全解放。

11月1日，中共湖北区委机关刊物《群众周刊》创刊，陈潭秋任主编，他在创刊号上发表《审判陈、刘诸逆》（即陈嘉谟、刘玉春）等文，歌颂北伐战争的伟大胜利。北伐战争的胜利进军，推动了工农群众运动的蓬勃发展。

1926年12月，中共中央汉口特别会议决定中共湖北区委由蔡以忱、陈潭秋主管宣传工作，陈潭秋在《群众周刊》发表的《汪精卫销假与革命前途》《国家主义派的惯技》《革命民众当前的一个紧迫问题》《湖北工农商学联合会成立之意义及其工作》《湖北禁烟问题》等文章，对认识革命形势与动员组织工农投入轰轰烈烈的大革命起了很大的作用。

1927年1月21日，工人运动讲习所速成班正式开学，陈潭秋讲授《中国民族运动史》。

随着北伐的胜利，湖北农民运动在董必武、陈潭秋的重视和领导下有了较大的发展。农民协会由秘密活动转向公开，国民党湖北省党部设立农民部，陈潭秋派陈荫林、聂鸿钧等大批共产党员参加农民运动工作。

1926年10月10日，湖北省总工会成立，并于1927年1月在汉口召开了全省第一次工人代表大会，工会会员达30万人。"一三"惨案发生后，武汉工人阶级收回了英租界，成为中国工运史上的创举。同时，湖北农民运动也迅猛发展，到1927年初，全省已有40多个县建立了农民协会，会员达80多万人。3月4日，在汉口召开全省第一次农民代表大会，聂鸿钧、陈荫林、邓雅声等主持会议。这次大会把湖北农民运动推向了一个新阶段，成立了湖北省农民协会。

农民运动的高涨，引起了土豪劣绅的恐慌和疯狂反扑。在鄂东，土豪劣绅制造了惨绝人寰的"阳新惨案"。此时，我们党内也出现了农民运动"过火"的错误论调。陈潭秋以坚定的马思义主义者的态度给予了有力的回击和驳斥。

1927年6月8日，在国民党武昌市第二次代表大会上，陈潭秋代表中国共产党致词，他说："国共两党关系，自1923年国民党改组以来，非常亲密，互相携手，方有今日的成功。可是，现在革命势力，又到生死关头，所以唯有更亲密的合作才有出头。近两个月内，湖北农民被反动派惨杀的不下数千人，他们的出路，是希望革命的党援助。如果袖手旁观，则民众渐次离开党，而革命前途毫无希望。"6月19日，陈潭秋在湖北省农民协会执委扩大会议上指出："各地来的代表聚在一起，一定有许多的材料，可以打破'过火'的谣言"，"自蒋介石背叛革命以后，军阀与土豪劣绅及一切反革命派勾结，到处屠杀农民，这个意义，不单纯是屠杀农民，简直是要根本推翻革命的党部和政府"，他进一步指出："农工是革命的基础，中国共产党是代表农工阶级利益的，中国自有农运以来，共产党即与之共生死，在这次农民被土豪劣绅大屠杀中，共产党员牺牲的不下三百余人，由此可见，共产党员是与农民共生死的，我们决不畏缩，誓本革命初意，与各农友携手前进，最后的胜利，必定归于我们。"在反动派残杀农民、大肆破坏农民运动的"生死关头"，陈潭秋严肃地指出："如果党袖手旁观，则民众将渐次离党，而革命前途，毫无希望。"

1926年11月，在武汉各界纪念俄国十月革命的大会上，陈潭秋代表中国共产党发言，他号召向苏联学习，走十月革命的道路。

1927年4月，陈潭秋出席在武汉召开的中国共产党第五次全国代表大会。会上，毛泽东、蔡和森等提出"迅速加强土地斗争"的意见，陈潭秋表示党必须坚决支持和领导农民运动，决不能畏缩。大会选举了新的中央委员会，陈潭秋被选为候补中央委员。这期间，陈潭秋除以主要精力从事党的组织建设和工农运动外，还注意国民党的工作，在国民党第二十一次常委会上，他与董必武一起被推选为中央政治训练委员会委员。

党的五大没有解决中国革命的紧迫问题。国民党新右派蒋介石对外投靠帝国主义，对内镇压工农革命运动，大革命的胜利果实有得而复失的危险，中国第一次大革命处在危急关头。

中共湖北省委虽然进行了坚决的反击和斗争，并在6月提出了挽救革命危机的工作要点，但革命形势还在恶化。为应付突然事变的发生，1927年7月，中共湖北省委在汉口召开了武汉地区党团活动分子会议，省委书记张太雷和陈潭秋主持了这次会议。鉴于当时的情况，省委宣布：已公开的党员立即撤出，或者去苏联学习，或者去九江追赶叶挺、贺龙的队伍；没有公开的党员留下来坚持地下斗争。

陈潭秋按照上级党组织的安排，带着沉痛的教训，也怀着必胜的信心，顺江东下，离开了故土湖北，从此，他为革命东奔西走，转战南北，再也没有回到湖北来。

如同他在家书中描述的那样："我始终是萍踪浪迹、行止不定的人，几年来为生活南北奔驰，今天不知明天在哪里。""老母亲去世的消息，我早已听得，也不怎样哀伤，反可怜老人去世迟了几年，如果早几年，免受许多苦难啊！"为了心中的信仰，为了自己忠于的革命事业，忠孝难以两全，陈潭秋公而忘私的崇高情怀溢于言表，令人感佩。

七、参加南昌起义

1927年7月的武汉，天气和往年一样闷热，大革命失败后的政治形势，令人心情沉闷。陈潭秋最希望去参加武装起义，痛痛快快地和国民党反动派大干一场，想到这些，他的心中有些激动起来。

这一天，陈潭秋乘坐的船到了团风镇，这是他十分熟悉的地方，陈潭秋和陈荫林上岸后召集黄冈县委扩大会议，部署了参加起义和转入地下斗争等工作。当晚就与陈荫林及黄冈县委的一些干部继续乘船东下，7月20日前后经九江到达南昌。

7月21日，中共江西省委成立，陈潭秋任书记。中央决定江西省委不公开活动，而是转入地下配合南昌起义。江西省委机关设在一个小酱园业主家里，业主姓徐，陈潭秋扮成商人，改名徐国栋。不久，朱德向陈潭秋转达中央决定，要求江西省委为南昌起义做准备工作。江西省委迅速发动各人民团体，成立了"南昌市欢迎铁军大会筹备处"，积极做好各种接待工作。

8月1日凌晨2时，南昌起义爆发，南昌的党组织和人民团体也相继出动，协助起义军消灭敌人。他们贴标语鼓动宣传起义的目的和意义，要求商户继续营业。起义前敌委员会宣布了以周恩来、宋庆龄、郭沫若等25人为委员的革命委员会成立。第二天，在南昌召开了庆祝八一起义胜利和革命委员会成立的军民联欢大会。革命委员会颁布命令，任命了革命委员会领导下的各专门委员会的主席和委员。8月3日到5日，起义大军相继南下，党中央决定陈潭秋仍留在南昌，继续领导江西省委，坚持地下工作。

起义军南下后，反动势力发动了疯狂的反扑，工农民众和革命分子遭到残酷的迫害。反动政府通令取消一切民众团体的活动，到处捕杀革命分子和工农领袖，形势十分严峻。陈潭秋遵照党的八七会议精神，大力恢复、整顿各级党的组织，准备秋收暴动。他的工作踏踏实实，十分有效，短短两个月的时间就收到了显著的效果。到1927年底，在九江、永修、吉安、赣州等10余个县成立了县委，在宁冈、弋阳、横峰等地建立了特别区委，发展党员2500多人。省委还制订了专门工作计划，加强党的领导，使江西党的工作得到恢复和发展，工作也走上了正常开展的轨道。

为明确党在当前形势下的任务，总结党在工作中的经验教训，江西省委决定于1928年1、2月间召开江西省党的第二次全省代表大会。由于陈潭秋调往江苏省委工作，代表大会推迟到1928年12月召开。

八、以中共中央特派员的身份亲临邢台

1929年4月，陈潭秋同志以中共中央特派员的身份亲临邢台，在邢台城西郭庄张信卿家召开了直南党的扩大会议，建立了邢台中心县委。这次会议，是直南党的一个具有伟大历史意义的转折点，对于大革命失败后直南党组织的恢复和发展，起了重要作用。

1927年，蒋介石在上海发动四一二反革命政变，大肆屠杀共产党人和进步人士，北方的反动军阀与蒋介石遥相呼应，奉系军阀张作霖于4月28日杀害了北方区委书记李大钊等共产党人，致使邢台党组织与北方区失去了联系。同年6月，武装农民占领邢台城。没几天，阎锡山派晋军芦丰年师攻占了邢台城，镇压了共产党领导的武装农民反军阀的斗争，捣毁了"冀南武装农民运动办事处"，通缉邢台党和农民运动的负责人，使革命处于低潮。

1928年，国民党鹿钟麟部程希贤师进驻邢台城，建立国民党区、县党部和国民党政府，成立反动的工会、农会、商会等组织，大量吸收地主、豪绅、地痞、流氓参加国民党。随军的国民党"战地常务指导委员会"，举办国民党员登记，到处捕杀共产党员和爱国青年。在白色恐怖下，邢台临时地委书记沈国华对革命失掉信心，叛离党组织，到磁县国民党的报社当了编辑；组织委员何子箴、负责工运的赵西山以及张怀昆、王玉宾等参加了国民党党员的登记，使直南地区党组织遭到严重破坏。正如1929年3月顺直省委党刊《出路》第八期上发表的和斋的《我对直南党的观察和我的觉悟》一文中指出的那样："邢台是直南党的发源地，当时还剩有一个同志（指张信卿），一样的找不到团体。其它地方不用说。同志呢？有的阔了，当国民党指委去了；有的正在运动什么局长；有的犯了恶化嫌疑，进不了国民党的门，正在家里垂头丧气倒霉哩！这时我才知道直南老早已和省委断绝了关系，并连份通告也没接到过。"

"实在说，直南同志在这一年来，完全是深山野人。7月扩大会闭会后，京津同志们闹得那样有味，直南同志根本不知道这回事。见到那次决议案的找不到几个人。全国同志已经本着第六次全国代表大会的精神干起来了，可是直南呢？大名、濮阳一带连决议案也还没有见到哩！"

1928年秋，陈潭秋、刘少奇、韩连会以中共中央特派员的身份到天津整顿北方党组织，代行省委职权。在一次座谈会上，陈潭秋同志针对直南的政治形势和党的状况明确指出："直南一向与省委关系不好，有时与豫省委接头，几次报告都无甚工作。最近始派一人去，邢台只一二同志，拟从此树立中心工作。"省委先后派朱林森、冯温等人到邢台开展工作，由于环境恶劣，难以打开局面，成效甚微。因此，1929年4月在省委农民部长郝德玉陪同下，陈潭秋同志亲自到邢台开辟工作。

陈潭秋同志来到邢台后，与当时正在邢台开展工作的冯温取得联系，住在邢台火车站东边的小旅店里，听取了冯温的工作汇报。他充分利用冯温所提供的线索和条件，深入开展群众工作。他广泛地接触群众，他所接触的人员中，有皮毛工人、农民、商人、学生、教员等，和他们促膝相谈，了解他们的境况，关心他们的生活，同情他们的疾苦，很快就结交了一大群朋友。他听取多方面的情况，不仅倾听正面意见，还多方听取反面意见；不仅广泛接触群众，而且还利用种种条件接触地方官员。西郭庄张信卿的老父亲，是个天主教信奉者，陈潭秋同志耐心地向他讲解共产党的政策，谈到共产党要拯救广大贫苦大众于水深火热之中时，这位老先生精神大振，说这是和他信奉的天主教义完全一致的，于是二人遂结为忘年挚友，并硬把陈潭秋同志接到他家去住，使西郭庄成为直南革命的大本营。

陈潭秋同志由于深入群众，在短短的几天时间里，就对邢台一带的情况了如指掌。比如阎系军阀开赴河南途经邢台时，向邢台县要米700石、草200万斤、杂粮300石、马200匹、捐款3万元等，以及邢台一带广大贫苦农民家破人亡，民不聊生，迫切要求改变现状等情况。

陈潭秋同志掌握了一些情况后，找冯温谈了话，讲明要召开直南党的扩大会议，建立直南党的领导机关——中共邢台中心县委，并责成冯温着手筹备。冯温准备就绪以后，即安排邢台四师党员学生王邦彦到南和、磁县、大名等县通知参加会议的代表，会议确定在邢台城西郭庄张信卿家召开。参加会议的代表汇报了各县的情况，接着陈潭秋同志讲了党的六大的主要精神和六大以后的形势，然后根据党的六大决议精神提出了直南党的几项任务：（一）在党内反对陈独秀右倾机会主义的问题。（二）恢复整顿原有党、团组织，大力发展新的组织，原则上参加国民党登记的统统不要，但经我党允许而打入国民党内部的除外。（三）积极领导群众的自发斗争，如各式各样的抗捐抗税和反军阀斗争，在斗争中发展壮大党团组织和工会、农协会等群众组织。（四）注意团结中农和城市小资产阶级。针对各县在汇报群众自发斗争中，贫、雇农伤害中农利益的现象，陈潭秋同志反复强调要团结中农。他指出："党的六大决议已把农村土地革命的路线明确了，地主、豪绅是主要的敌人，贫农、雇农是土地革命的主要力量，中农是同盟者，他们在抗捐抗税斗争中还是积极的。如果不团结中农，对于革命斗争的发展是不利的。"省委农民部长郝德玉也在会议上讲了话，会议开了一夜。最后，陈潭秋同志让冯温将会议的情况写成决议，并明确冯温（当时化名张振邦）担任邢台中心县委书记。冯温将陈潭秋同志的讲话内容进行整理，油印发至各县。会后，相继调喻屏、刘大风、刘峰、王文田、王振山等人到邢台中心县委工作，各县有了统一领导，很快就打开了局面。

邢台中心县委成立后，机关开始设在南门内西顺城街路北一家木匠铺内，后来搬到城西南二三里的南瓦窑村，在村里开一家面坊做掩护。在陈潭秋同志的关怀和指导下，主要开展了以下几个方面的工作。

协调和领导各县工作。中心县委成立后，不断派人到各县指导工作，并多次召开各县委书记联席会议布置工作。如1930年2月在邢台驴夫营街召开的一次会议，省委派人参加了会议，明确指出各县党组织的主要任务是：要不断在人民群众中宣传党的政策，揭露敌人的反革命罪行，采取合法斗争和地下斗争相结合的方式，利用有利时机打击敌人。

组织学潮。主要是在邢台城附近的直隶四师、三女师、十二中，邢台县一高、二高的学生和教师中发现进步分子，宣传革命思想，揭露国民党反动面目，组织以进步分子为骨干的学生会，在学生会的领导下开展罢课、游行示威等学潮；通过学运活动吸收先进分子入党、入团，建立和发展党团组织。

建立农民协会。在农村主要是扎根于贫雇农，进行反对地主剥削、反对新军阀混战的宣传。城东祝村刘万善在本村建立起直南的第一个农民协会，并选派杨少祖、姚聚堂二人为代表，参加了省委在天津召开的会议。紧接着，农民协会在直南如雨后春笋般建起来，发展到200多个。

开展兵运工作。邢台中心县委选派党员王卓如、赵子云到驻邢晋军开展兵运工作，其任务是在部队中通过结交朋友、拉关系广泛宣传党的政策，待时机成熟后组织兵变，把部队拉出来组织红军游击队。

争取红枪会工作。邢台中心县委派刘汉生、胡震二同志跋山涉水，到邢台县山区将军墓、浆水一带与红枪会的头目取得联系，争取这些武装力量为我党的革命斗争服务。

由于邢台中心县委积极领导直南地区广大群众进行革命斗争，使邢台、隆平、任县、南和、大名、肥乡、磁县、濮阳、南乐等县的党组织得到了恢复和发展，党员发展到500多名，扭转了直南革命斗争陷入低潮的不利局面，在大范围内点燃了革命的星星之火。这些星星之火，终于汇成了北方地区的燎原大火。

九、巡视顺直省委和满洲省委

1928年春天，陈潭秋和徐全直奉命由江西省委调往江苏省委工作，陈潭秋任省委组织部长，徐全直在省委妇女部工作。不久，陈潭秋夫妇又奉调到中共中央组织部工作。当时他们住在上海北四川路，组织部机关设在张文秋家里，陈潭秋化装前往，时间久了，难保不被敌人密探发现。一天，陈潭秋发现有密探在窥视他的行踪，处境危险。

当时，中共中央北方局工作需要加强，多次请求中央派得力干部前往顺直帮助处理工作。顺直，是指北平（曾名顺天府）和河北（曾名直隶省）。所谓"顺直问题"是指彭述之、蔡和森、陈潭秋等受当时"左"倾情绪和"左"倾路线的影响，在指导顺直工作中出现的问题和由此产生的分歧及争论。于是党中央决定派陈潭秋以巡视员的身份到顺治巡视工作。

为了解决顺直问题，中央曾三次派人前往。第一次是八七会议后，中共临时中央政治局决定成立以政治局委员王荷波为书记的中共中央北方局，负责全权解决顺直省委纠纷问题，改组省委，撤换彭述之（仍留省委工作），由朱锦堂任书记。史称"第一次改组"。但接着发生了两件大事：一件是盲目发动"顺直大暴动"，两位省委常委牺牲，革命力量遭受严重损失；二是由于叛徒告密，北方局遭破坏，王荷波等被捕牺牲。于是，顺直党的工作又陷入停顿。第二次是1927年11月中旬，中共中央派蔡和森任中央北方巡视员，指导顺直省委工作。1928年1月27日，蔡和森主持对顺直省委进行"第二次改组"，推举工人出身的王藻文为书记，将彭述之开除出省委。这次改组，由于缺乏正确的政治指导，问题不但未能彻底解决，反而使顺直党组织出现混乱和分裂，彭述之也跑到上海向党中央告蔡和森的状。这就使顺直党组织无所适从，工作难以开展。第三次是1928年3月，中共中央决定派刘少奇以全国总工会特派员身份到天津，参加顺直省委常委，以加强省委领导。6月，中央又派陈潭秋来顺直巡视指导工作。

1928年6月，陈潭秋乘海轮前往天津，到达天津后，在租界找了一个旅馆住下；然后，他按照预定的联络信号去找联络人。此时，国民党新军阀在京津地区加紧了对革命势力的镇压，白色恐怖比以前更加严重。几经辗转，直到7月7日，陈潭秋才与顺直省委接上关系。7月9

日，陈潭秋参加了顺直省常委会议，听取了顺直的党务工作报告，并传达了中央指示精神。刘少奇、陈潭秋、韩连会主持召开省委扩大会议，决定改组省委，推举韩连会代替王藻文任书记，史称"第三次改组"。

会后，刘少奇、陈潭秋回上海向党中央汇报情况。不久，顺直党内又发生一系列问题。在这种情况下，中共中央政治局于11月9日召开常委会议，讨论顺直省委领导间产生的严重分歧等问题。会上，李立三主张在顺直党内开展"两条路线斗争"。此时周恩来刚刚回国，也出席了这次常委会。他明确表示不同意李立三的主张。指出："顺直残留的斗争直到现在，主要的是缺少了政治的指导。这点中央要特别注意。"他强调说："我觉得中央委员会有一人去一下才好。"11月27日，中央政治局会议继续讨论顺直省委问题，并决定派刚从莫斯科参加完党的六大回到国内的周恩来（时任中共中央政治局常委、中央组织部长）到顺直巡视工作，彻底解决"顺直问题"。

1928年12月11日下午，白色恐怖下的天津海河码头显得热闹非凡。一位文质彬彬、身着长衫的年轻人正在那里徘徊，像是在等候什么人。此人就是中共顺直省委的徐彬如。那么，他在等谁呢？事情要从当月上旬顺直省委接到的一封秘密电报说起。

那天，在省委主持工作的陈潭秋，突然接到由上海发来的党中央的一封秘密电报，说时任中央政治局常委兼组织部长的周恩来将去天津，要省委派一位和周恩来认识的同志去码头迎接，并告诉了周恩来的化装情况。陈潭秋等人商议后，决定派徐彬如前去迎接。因为徐彬如在广州、上海期间都与周恩来一起工作过，比较熟悉。由于众人尽知周恩来一向对工作要求很严，大家心生敬畏，事又涉及党的秘密，故而陈潭秋在布置任务时，并未明说，只是做一手势，摸一下胡子，说："他要来了。"徐彬如等人便立刻明白了来者是谁，因为周恩来是有名的美髯公。下午4点左右，一艘轮船向码头驶来。原本热闹的码头顿时又沸腾起来，不时眺望前方等候亲友的人们纷纷拥向前去，徐彬如也随着人流快步向前。

下船的人群中走出一位30岁左右富商模样的人。只见他中等身材，留着八字胡，双眼炯炯有神，头戴礼帽，身着长衫，显得十分干练、沉稳和刚毅。他就是党中央派来解决顺直问题的周恩来。徐彬如和周恩来互相都认出对方。"是你在这儿，什么时候来的？"一见面，周恩来就亲切地问。"比你先到两个月。"徐彬如一边回答，一边看表。他见时间已经不早了，便提议先在附近饭馆吃饭。饭后，徐彬如领周恩来先到了旅社。稍事休息后，又将周恩来安排到日租界的一家饭店去住，并约定第二天省委的同志前来汇报。

　　周恩来一到就不顾旅途疲劳，立即投入了紧张的工作。当晚，周恩来听取了陈潭秋、刘少奇、韩连会、张昆弟等省委领导人的工作汇报；接着又召开顺直省委常委会，传达中央关于解决顺直问题的意见。从14日开始，周恩来又连续参加和召开了一系列基层党组织的会议，听取中下层干部的意见。14日上午周恩来听取了团省委书记何成湘的工作汇报，同他讨论了青年的思想工作；晚上参加了天津纱厂支部座谈会，了解基层党员的思想情况。15日上午，周恩来参加了天津胶皮（洋车夫）支部座谈会（当时天津基层党组织仅保存了纱厂和胶皮两个支部）；下午他主持召开了天津基层党支部书记和省委工作人员联席会，向与会者作了政治报告，听取他们对省委的意见和解决党内矛盾的办法。16日，周恩来又赴唐山做"京东护党请愿团"的工作，这是顺直党内矛盾的难点。他到唐山后，同"请愿团"每个成员都进行了亲切和诚恳的谈话，耐心听取他们对省委工作的意见，肯定他们正确的方面，支持他们对省委工作的批评，同时指出他们工作中存在的错误。经过深入细致的思想工作，大家全都解开了思想疙瘩，心悦诚服地接受了批评，表示和党同心同德共同解决问题，遂使"京东请愿团"的问题迎刃而解。接着，周恩来又抓紧有限的几天时间，进行紧张的多种多样的调查研究工作。他接见各地党组织的负责人，下去参加各区委和支部的会议，广泛听取他们对省委和中央的意见和要求；考察基层党员群众的实际生活与工作情形。在此期间，他对大家做了许多深入细致的耐心的说服教育工作。经过周恩来深入细致的工作，引导党员以向前看的精神，从积极工作的过程中去求得纠纷的解决，原来像一团乱麻的问题，终于理出了头绪，顺直党内的思想逐渐统一。

在此基础上，周恩来决定于12月底召开顺直省委扩大会议，统一北方地区全党的认识。1928年12月底顺直问题妥善解决，在天津法租界张庄大桥兴义里附近的两排平房里，顺直省委扩大会议召开了。出席会议的代表，除参加中共六大的华北地区的中央委员和顺直省委委员外，还有北平、天津、唐山、张家口、京东、石家庄、直南等地党组织的负责人。

扩大会议由刘少奇、陈潭秋轮流主持，主要是由周恩来作政治报告。周恩来首先根据中共六大决议精神，分析了全国政治形势，阐明中国的社会性质和党的基本任务，并对顺直党内矛盾，作了历史的分析。他指出：彭述之来北方后，政治上搞"闭门主义"，严重脱离了群众；组织上搞家长制统治，毫无党内民主，"使党员的政治观念无法提高，使错误的政治路线无法纠正"。接着，他又指出：顺直党内问题的发生，固然有历史的和组织上的原因，但"党的组织还没有布尔什维克化，党内还存在许多非无产阶级意识，也是一个主要的原因"，为此他提出，解决顺直问题必须坚决反对小资产阶级意识。他列举了党内小资产阶级意识的种种表现：极端民主化，把反机会主义变成攻击个人和反对知识分子、闹个人意气、搞小组织等。他尖锐地指出这是一种"堕落的倾向"，如果任其泛滥，不但"破坏党的组织，妨碍党的工作"，甚至"可以把党的组织打得粉碎"。他要求顺直全党必须共同负起责任，一致奋斗，把党内小资产阶级意识扫除干净。最后他指出：由于这两年"历史上堆积的错误，每个同志都免不了做过或多或少的错误行动，或保留着或多或少的不正确观念"，"顺直全体同志只要肯先承认过去的错误和自己观念的不正确，并肯从积极方面接受正确的指导，肯下决心去做群众工作，则顺直党的本身便有出路"。会议还根据党的六大决议精神，结合顺直党的具体情况，通过了一些决议案，其中有《顺直党的政治任务决议案》《顺直省委党务问题决议案》，以及关于职工、农民、青年、妇女等工作决议案。最后，会议经过选举产生了新的中共顺直省委，陈潭秋任宣传部长；同时成立了顺直革命军事委员会、职工运动委员会、农民运动委员会、妇女运动委员会等，从而使顺直党组织有了一个健全的领导中枢，有力地推动了北方党的工作。这次扩大会议的召开，在北方党的历史上具有重大意义。

1928年11月，在陈潭秋的主持下，创办了顺直省委党内刊物《出路》，作为主编的陈潭秋为《出路》创刊号写了发刊词，为第二期写了《卷首语》。他指出：《出路》是顺直党内教育训练的刊物，宣传党的决议，介绍党内训练方法和经验。对一些党内有分歧的问题，采取辩论的方式，各抒己见，以统一思想认识，把那些不好的倾向，在斗争中洗刷净尽。"对于顺直党的出路""到了解决的时期"了，现在中央有明确指示，详细的分析，具体的方法，希望同志们充分发表意见，以达到建立"党的无产阶级意识"的目的。陈潭秋还在《出路》第五期上发表《打破群众对国民党的幻想与争取群众》的文章，指出："只有发动群众的斗争，才能打破群众对国民党的幻想；只有加紧党的宣传，才能争取群众到党的方面来。"

《出路》杂志刊登的指示和重要论文，对北方党的建设起了重要的作用。这一段时间内，在陈潭秋的领导下，还出版了《工人画报》《北方红旗》《士兵呼声》，编印了《打倒国民党》《什么是改良主义》《平奉斗争的经验与教训》《革命常识》等数十种小册子。

自从陈潭秋巡视顺直工作以后，在顺治新省委的领导下，经过一年的努力，北方党的工作有了很大的进步。1929年6月20日，陈潭秋向党中央写了《顺直最近工作状况》报告，指出："党的内部在最近期间确实有一个进步，政治水平有相当的进步……对于党的观念与认识也加强了很多"，党"在群众中有相当的政治影响"。

1929年7月中旬，陈潭秋接到中央指示，调他回党中央工作。

陈潭秋回到上海党中央工作的时候，是党的六大召开一年之后了。在六大精神指导下，各地革命形势不断发展，迫切需要加强党对群众斗争的引导。但是产业工人比较集中的青岛、满洲等地党组织屡遭破坏，中央不能及时得到那里的情况报告，对这些地方的斗争情况不很了解。党中央认为必须派得力干部前往青岛、满洲，传达党中央的最新决定，指导当地党的工作。经过研究，认为陈潭秋最为合适，陈潭秋回到上海后，马上就有了新任务。

1929年8月中旬的一天，陈潭秋乘海轮离开上海前往青岛、满洲，开始巡视工作，等待他的又是艰难的重任。8月19日下午，陈潭秋先到达青岛，当晚他会见了青岛市委书记党维蓉，商定了在青岛巡视的工作日程，并了解了青岛市委的工作情况。陈潭秋在青岛8天，除分别找个别同志谈话了解情况外，还召开了各种会议。

陈潭秋在青岛巡视期间，工作十分繁忙紧张，每次会前他都要拟好报告提纲；会上要与同志们一起参加讨论，给予具体指导；会后还要找个别同志谈话，做调查了解工作，并及时向党中央汇报。

8月26日，在离开青岛前，陈潭秋不顾连日来的疲劳，带病坚持写完了他对山东临委工作的五点建议。

1929年8月26日，陈潭秋乘海轮到达大连港，随后改乘火车，赴奉天（今沈阳）。当时满洲的形势十分复杂、险恶。一个月前，在日本和南京国民政府的怂恿与支持下，奉天军阀制造了"中东路事件"。

中东铁路又称东清铁路或东省铁路，简称东铁，它是沙俄侵华的产物。19世纪末，沙俄为侵略中国东北，称霸远东，根据1896年的《中俄密约》，在中国的土地上，利用中国廉价的劳动力和沿路的各种器材而修筑的从满洲里经哈尔滨至绥芬河的中东铁路主线，与俄国境内的西伯利亚大铁路相接；后来又根据1898年的《旅大租地条约》，修筑了从哈尔滨经长春至大连的中东铁路支线，从而形成一条由主线和支线组成的2800余公里的"丁"字形的中东铁路。这条纵横贯穿中国东北三省的铁路成为沙俄对中国东北进行经济、政治和军事侵略的工具和基地，实际上造成了沙俄控制中国东北的局面。

1929年7月，中苏之间由于中东铁路的路权归属问题，爆发了"中东路事件"，引起武装冲突。战斗主要在中国的满洲里和扎赉诺尔地区展开。从7月末开始直到11月，大小战斗进行了数十次。起因是中国东北当局将中东铁路电报电话收回，将苏联职员遣送回国。苏军与东北军发生武装冲突后，国民政府对苏宣战。

12月26日，"中东路事件"以中方接受苏方提出的恢复中东铁路中苏共管的原状、双方释放被俘人员而宣告结束。

"中东路事件"后，日本加紧了对满洲的侵略，企图占领中国东北，满洲党的组织遭到破坏。8月22日在奉天纱厂斗争中，满洲省委书记刘少奇、组织部长孟坚及纱厂支部书记均被捕。陈潭秋正是在这种艰险的形势下来到满洲巡视工作的。他刚到奉天时，与满洲党组织接不上头，后几经周折才联系上。

陈潭秋出席了满洲省临委组织的行动委员会会议，部署反对帝国主义的活动，讨论中东路问题，决定宣传中东路问题的真相，并召集奉天市委活动分子会议，议程主要有：满洲新省委工作报告，中东路问题的报告，奉天市委工作报告。连续的工作、缜密的调查之后，陈潭秋及时向党中央报告了满洲省委的情况；同时，他还抽时间深入基层，听取群众的意见，全面了解满洲的政治经济和党务情况。

9月中旬，刘少奇获释出狱，经中央批准成立了以刘少奇为书记的满洲省委。这时，陈潭秋已经到哈尔滨巡视工作。在陈潭秋的帮助下，新建立的哈尔滨市委总结了工作，提出了要利用"中东路事件"，推动党的工作开展；并规定哈尔滨市委的工作路线应当是加紧反对帝国主义进攻苏联的宣传，反对改良主义的欺骗宣传；立即成立哈尔滨职委会，把职工运动的日常斗争与目前总的斗争形势紧密结合。

经过陈潭秋一个多月的巡视和帮助，满洲党组织的工作较为顺利地开展起来，向中央的报告也为党中央对满洲工作的指导提供了可靠的依据。陈潭秋圆满完成了党中央交给的巡视任务，10月4日，返回上海。

1929年10月，陈潭秋被调到中央组织部工作，接替恽代英任秘书一职，负责处理组织部日常事务，是组织部长周恩来的得力助手。

当时中央组织部人员少，只有一个秘书和几个组织干事，人少事多。陈潭秋每天早上和组织部长周恩来交换情况,安排一天的工作;晚上10点钟以后,又向周恩来汇报并听取决定,并负责许多具体工作的办理。因此他的工作十分繁重。

陈潭秋负责接待全国各地党组织派来的请示和汇报工作的同志,他待人正直、和蔼,坚持原则,擅于应付复杂的地下斗争的环境;他不畏艰险,行动从容镇静,正因为如此,他多次巧妙摆脱敌人的盯梢、尾随,安然无恙地回到组织部机关。

陈潭秋对工作极端认真负责。一次一位从大别山来的同志要求调动工作,陈潭秋代表中央组织部4次接见了这位同志,同他进行了耐心细致的个别谈话,做他的思想工作。陈潭秋说,组织上考虑了你的情况,认为你对大别山一带人地两熟,回鄂东工作比去江西更起作用。当这位同志坚决表示不同意回鄂东时,陈潭秋严肃地对这位同志说:"组织上认为你回鄂东为宜,即使你不回鄂东,暂时休息一段时间也行,但是你要服从组织安排、顾全大局啊!"

陈潭秋在中央组织部工作期间,工作出色,任务完成得很好,各地党组织恢复和发展很快,成效突出,受到同志们的高度赞扬。

陈潭秋虽然在白区工作,但始终关注着苏区的建设,他在党内刊物《党的生活》杂志上写文章论述党组织与苏维埃政权之间的正确关系,在文章最后,陈潭秋强调说:"这些关系的正确建立,才能使群众了解苏维埃是他们自己的政权机关,他们必然要竭力拥护,同时要他们了解共产党是领导苏维埃的先进的阶级组织,而热烈地乐意地来保护它,接受它的领导。"

十、主持中共满洲省委工作

1930年8月底,党中央派陈潭秋到满洲省委担任领导工作。当时他住在沈阳北市场烟厂附近一所民房里。两个月前,根据中央精神,满洲省委也改组为准备武装起义总行动委员会。陈潭秋到沈阳后,改组了满洲总行委，任总行委书记，化名孙杰。对于当时推行的错误路线，陈潭秋也做了不切实际的估量，认为"革命高潮的条件，已经成熟，在任何时候任何事件上都可以暴动起来"，"反动统治阶级在群众面前发抖"等。陈潭秋这样的认识决定了他的行动，在9月份发出的《满洲政治形势及党的任务与工作路线的决议案》上，认为革命形势是"夺取政权的前夜"，可以"根本推翻帝国主义与国民党、军阀的统治，建立苏维埃政权"。同月，陈潭秋参加了开始纠正李立三"左"倾错误的六届三中全会。在会上，陈潭秋积极参加了对李立三"左"倾错误的批判，被选为中央审查委员、候补中央委员。

10月中旬，陈潭秋从上海回到沈阳，11月16日，召开了满洲省委扩大会议，进一步贯彻六届三中全会精神。陈潭秋主持了这次会议，会上他带头检讨了过去的工作，指出了过去对满洲形势估计错误，忽视了满洲和中国南部的区别，以及满洲内部革命形势发展的不平衡，犯了冒险的错误。会议总结了贯彻"立三路线"所犯错误及其危害，明确了满洲省委今后的工作方针；撤销了总行委，恢复了满洲省委，陈潭秋任书记。自此，满洲党组织有了很大的发展，开始从混乱的状态走出来，建立起比较巩固的群众基础。

1930年12月初，满洲省委扩大会议后，为了更好地了解北满工作情况，贯彻六届三中全会精神，陈潭秋与团省委书记王鹤寿一起，前往哈尔滨参加中共北满特委扩大会议，同时布置纪念广州起义三周年的工作，布置与计划中东路斗争。

陈潭秋到达哈尔滨后，立即与北满特委书记孟坚召开党团特委会议，研究召开北满特委扩大会议的准备工作。

12月7日，北满特委扩大会议从早晨一直开到深夜。由于开会时间过长，引起了敌特的注意。当会议行将结束时，东省特别区警察管理处的警察特务悄悄将孟坚家所在的楼院包围。当放哨的同志发现敌情时，陈潭秋等参会同志已来不及转移。警察以查户口为名，将参会人员堵在屋子里。陈潭秋和孟坚从窗户往楼下看，只见警特已封锁了楼前楼后的通道。陈潭秋命令大家紧急藏好手中的文件，见机行事。打开房门后，参会人员若无其事地让警察特务搜查。很快，孟坚藏在暗处的一个装有两份文件的箱子被警察特务搜查出来。特务以此为据，不由分说要将开会的人员全部逮捕。在反抗和争辩中，有两名同志逃脱。陈潭秋、王鹤寿、孟坚等人不幸被捕。陈潭秋等被捕后，被敌人先后关押到道里警察署、中东路护路军司令部军法处拘留所。

尽管敌人施以坐老虎凳、灌辣椒水等惨无人道的酷刑来折磨他，但陈潭秋以超人的毅力、坚强的意志同敌人进行了顽强的抗争，坚决不屈服，表现出了共产党员的优秀品质。

由于陈潭秋等人的口供始终如一，敌人在无计可施的情况下，最后以非法集会的名义，分别判处陈潭秋、孟坚等人4年和7年徒刑。

陈潭秋等人被判刑后，关押在哈尔滨道外监狱。陈潭秋像老大哥一样关心狱中的青年团员和进步青年，教育他们增强对中国革命必胜的信心。每次受刑后，陈潭秋都鼓励狱中的同志要严守党的机密，并教同志们对付酷刑的方法，"当被灌凉水时，要把嘴张开，用嘴呼吸，不能呛水……"为保持身体的健康，陈潭秋建议大家在狱中锻炼身体，以待出狱后迎接新的战斗。

陈潭秋还通过狱中看守，搞来一些报纸，让狱中的同志们传阅，使大家了解全国形势，对大家进行思想教育，要求大家坚定革命信念；又通过下围棋等方式引导大家研究对付敌人的战略战术。他一方面以自己的革命乐观主义精神感染狱中同志，把狱中的党员组织起来，使大家团结一致、充满信心；另一方面又想方设法与狱外的党组织取得联系，把狱中的情况报告给党，使狱外的情况通过秘密交通员传进来。

陈潭秋被捕后，何成湘、刘昆和韩源波等在奉天组成满洲临时省委，推举组织部长何成湘为代理省委书记，并派熟悉北满情况的唐宏经前往哈尔滨，组织北满临时特委，又派特科的同志前往营救陈潭秋等人，但因敌人严密防范，未能成功。

1931年1月，党的六届四中全会以后，为充实满洲党组织的力量，中共中央派罗登贤前往满洲，作为党中央驻东北代表。不久，出席六届四中全会的北满特委书记唐宏经也不幸被捕，并与陈潭秋等人关在一起。唐宏经入狱后，应陈潭秋的请求，向狱中的同志们介绍了六届四中全会的情况，并说明了王明在共产国际代表的支持下，夺取了党中央的领导权，自己和罗章龙因反对王明，便成立了"非常委员会"等情况。

面对罗章龙等人的分裂活动，原则性极强的陈潭秋旗帜鲜明地表明了自己的态度，他对唐宏经说："你这说的是一面之词，我们不便表态。党内斗争是必要的，不过你们分裂党是不应该的。"他多次对唐宏经进行帮助和教育，并且在领导同志们批评他的错误的同时，又耐心地引导大家团结他。在陈潭秋的影响下，唐宏经认识到了自己的错误，表示要退出罗章龙组织的"非常委员会"。

九一八事变后，东北局势急剧恶化。1931年底，满洲省委由奉天迁往哈尔滨。为促进满洲革命运动的发展，党中央任命驻东北代表罗登贤为满洲省委书记，由何成湘专门负责党的组织工作。在这种情况下，陈潭秋进一步加强与满洲省委的联系，争取及早获释，以尽快投身革命斗争。

1932年7月，中共满洲省委利用东北政局动荡之际，经过多方活动，买通了当时的哈尔滨伪军区司令，先后将孟坚和陈潭秋等被捕同志营救出狱。

陈潭秋在满洲省委工作期间，政治上旗帜鲜明，原则性强；工作上谦虚勤恳，作风民主；生活上平易近人，关心同志，其人格魅力给满洲省委的同志们留下了深刻的印象。他刚到奉天时曾对身边的干部说："我虽然入党比你们早几天，但工作经验不多，水平也不高，还靠大家一起干。"王鹤寿、赵毅敏在回忆陈潭秋时说："潭秋同志和我们共事的时间不长，但他的优秀品质给我们的印象很深。"

陈潭秋在满洲省委工作期间，满洲省委的各项工作都有很大的进步。在他的领导下，满洲省委改变了之前软弱涣散、近乎解体的状态，健全了党的各级组织，巩固了党的群众基础，为满洲革命形势的发展奠定了坚实的基础。

陈潭秋出狱后，回到上海，等候党中央重新安排工作。

十一、领导江苏、福建省委工作

陈潭秋回到上海后，党中央打算让他休养一段时间，恢复因入狱被损害的身体。可是，陈潭秋却要求马上安排他的工作，再三请求之后，党中央答应了他的要求，委派他任中共江苏省委秘书长。

江苏省委在上海大连湾租了一栋房子，作为江苏省委机关。陈潭秋和妻子徐全直带着两个孩子住在楼上，王学文和他的爱人刘静淑住在楼下。为掩护党的工作，两家以亲戚相称。王学文的孩子叫陈潭秋为"舅舅"，陈潭秋的孩子叫刘静淑为"姑妈"。这里还是中央与省委、区委接头的机关，暗号是"姑妈开门"。

陈潭秋到江苏省委工作的时候，一·二八事变刚结束。5月5日，国民党南京政府与日本在上海签订《淞沪停战协定》，使上海成为日本侵华的重要基地。十九路军被迫调离上海，开到福建去了。上海人民的抗日民主运动处于低潮，党内有的同志意志消沉，有的同志思想混乱，对形势认识不清，不知道该如何战斗。

陈潭秋从解决实际问题的角度出发，调查研究，深入实际，找了大量的党的干部和群众积极分子谈话，并亲自到日资工厂找工人积极分子促膝谈心，了解工人群众的思想状况，引导广大群众正确地总结经验教训。

为提高党员干部和群众的政治水平和理论水平，增强党员遵守党的纪律的自觉性，以适应复杂、险恶的斗争形势，在陈潭秋的领导下，江苏省委开办了工人、干部培训班。由于陈潭秋有丰富的革命斗争经验和较高的理论水平，他讲理论联系实际，深入浅出，通俗易懂，深受工人、干部学员的赞赏。培训班共举办3期，培训干部30余人。

在陈潭秋等人的正确领导下，江苏、上海地区的党组织和革命群众运动逐步得到了恢复和发展，保存了革命力量，减少了不必要的牺牲。

1933年初，党中央决定调陈潭秋和徐全直到中央苏区工作。中央苏区是战斗在国民党统治区的革命者日夜向往的地方，陈潭秋和妻子接到这个消息，欣喜万分，彼此商量尽快办理完交接手续，及早启程到中央苏区接受新的任务。可是当时徐全直正怀孕，已临近产期。经商量并征得上级同意，决定陈潭秋先走，徐全直分娩后赶到。为了不影响革命工作，夫妇商定将要出生的孩子寄养到他哥哥家中。陈潭秋给他的三哥、六哥写信，信中写道："我始终是萍踪浪迹、行止不定的人"，为了革命"南北奔驰，今天不知道明天在哪里。这样的生活，小孩终成大累，所以决定将两个小孩送托外家抚养"；现在"直妹又快要生产了，这次生产以后……准备送托人，不知六嫂添过孩子没有？如没有的话，是不是能接回去养？""望两兄能允许我的请求。"这种为革命不计个人家庭得失的高贵品德，表现了一个共产主义者的高尚情操。

陈潭秋在家书中还写道："希望诸兄及侄辈如有机会到武汉的话，可以不时去看望两个可怜的孩子，虽然外家对他们疼爱无以复加，可是童年就远离父母终究是不幸啊！"当我们今天读到这封家书时，一个共产党人的赤子之心和家国情怀，跃动在字里行间，令人为之感叹！

1933年2月的一个夜晚，陈潭秋与谢觉哉结伴启程，扮成商人从上海出发，取道广东汕头，前往中央苏区。他们冲破敌人的道道封锁线，历尽千辛万苦，抵达瑞金。陈潭秋被分配在马克思主义大学（中共中央党校）任党委委员，讲授《中国革命史》。他以长期革命斗争的实际经验，联系实际地进行讲解，深受学员欢迎。

当时中央党校的校长是李维汉，副校长是董必武，学校的教务处长兼党班的班主任是罗明。1933年1月，在中央苏区掀起了一场反"罗明路线"的斗争。因拥护和贯彻毛泽东关于开展游击战争，集中优势兵力各个击破敌人的战略方针，福建省委代理书记罗明遭到主持中央工作的王明"左"倾冒险主义的错误批判。2月，罗明被撤销福建省委代理书记和福建省委驻上杭、永定、龙岩等县的全权代表的职务，

3月，罗明被调到中央党校当教务处长，兼党班的班主任。当时党班里的学员，大部分是犯了所谓"罗明路线"错误的干部。因为罗明犯了"政治错误"，所以大家都对他避而远之。陈潭秋与罗明原本就不相识，但陈潭秋非常关心罗明的工作及生活。有一次，陈潭秋同董必武一起邀他去散步、谈心。陈潭秋首先表扬罗明工作积极、教务工作做得好，接着又与罗明谈俄国十月革命的历史，中国革命的艰巨，最后，陈潭秋劝慰罗明说："革命的道路很长，革命还要发展，你要想得长远些。"因为当时的中央局正反对所谓"罗明路线"，陈潭秋也不便多讲什么，但在这几句简短的谈话中，已体现出了陈潭秋对罗明的关怀和爱护。罗明听了陈潭秋安慰的几句话后，"感到格外温暖，受到了很大的鼓舞"。

陈潭秋在瑞金中央党校工作不到一个月，就被中央调往福建，担任中共福建省委书记。1933年6月下旬，陈潭秋来到福建省委所在地闽西的长汀。当时中共福建省委辖有长汀、连城、龙岩等闽西11个县，陈潭秋到福建省委之前，"王明路线"已经在福建整了一大批干部，因为整的人实在是太多了，搞得在任的干部一个个都很苦闷，同志间的关系也很紧张。陈潭秋到来后，他没有像"王明路线"领导人那样乱扣帽子、乱打棍子。工作上他作风民主，没有一点儿架子，有事就同大家商量。他平易近人，又关心同志，很快就赢得了大家的信任和尊重。

当时正值第五次反"围剿"时期，根据地的粮食非常紧张，陈潭秋与大家一样过着艰苦的生活。当时，福建省委机关人手少，事务繁杂，所以每个人的工作都十分繁忙，即使在这种艰难的情况下，陈潭秋仍然想到为今后的革命工作培养年轻干部，并决定把农民出身的青年干部李坚贞送到瑞金的中央党校学习。对此机关里的其他人员想不开，就不肯放李坚贞去，陈潭秋耐心地做他们的工作，说李坚贞有些工作经验，让她去党校学习，提高理论水平，总结经验，回来后可以做更多的工作。等李坚贞到党校后，陈潭秋又给她写信，鼓励李坚贞好好学习。当时担任青年团福建省委书记的刘英，在1979年9月撰文《关心别人胜过自己》以悼念陈潭秋。文章中说，当时根据地的生活很苦，陈潭秋就同大家一样过着极为艰苦的生活。粮食本来就不够吃，但每餐陈潭秋还要节省一点儿，攒起来支援前线红军；吃的菜没油也没盐，陈潭秋总是与大家一块吃。那时的福建省委机关里所有的人共用一个小木盆洗脸，一个大木盆洗澡，后来就有不少人染上了疥疮。陈潭秋及时向老中医请教，弄来中草药为大家治疗，还规定大家要搞好个人卫生和公共卫生，不久，患疥疮的同志都痊愈了。

刘英去福建时，因为路上不方便，也没有想到会这么艰苦，所以就没有带棉衣，到了冬天就冻得没有办法了。陈潭秋见状，便把他自己身上穿的棉袄脱下来送给了刘英。刘英不肯接受，她知道陈潭秋也只有这一件可以御寒的衣服，陈潭秋说："我是男同志，实在很冷了，就跑跑步运动运动，挺一下就过去了。"把衣服给了别人，陈潭秋自己却穿着破破烂烂的衣服过冬，后来刘英把陈潭秋送给她的棉袄请一个老乡改了一下，穿在身上。刘英后来回忆说："我在长征路上，就是穿着这件棉衣爬雪山、过草地，经历了无数风风雨雨。在最艰苦的岁月里，全靠这件棉衣抗过了严寒，迎来了和暖的春天，迎来了革命的胜利。"

陈潭秋担任福建省委书记时，为配合中央革命根据地第五次反"围剿"，贯彻中央扩大红军队伍的指示精神，陈潭秋集中抓了三次大规模的扩红运动。他亲自深入到县、区抓点，指导扩红工作。在陈潭秋的领导下，连城、兆征、代英等县有成百上千的青年踊跃参加红军。陈潭秋的前两次扩红任务完成得都非常出色，但由于根据地逐渐缩小，加上前两次扩红时大批青年已参加了红军，所以第三次扩红进展较慢，没有完成上级规定的任务。为此，陈潭秋如实地向临时中央反映了福建省的实际情况。

1934年1月，临时中央给陈潭秋扣上"右倾机会主义"的帽子，并撤销了他中共福建省委书记的职务。由于陈潭秋在福建苏区党员干部及群众中有较高的威望，他仍然被推选为代表，到瑞金出席中华苏维埃第二次全国代表大会。

十二、人民的好粮食部长

1934年1月，陈潭秋、张鼎丞、刘英等代表福建省赴江西瑞金出席中华苏维埃第二次全国代表大会。1月22日，第二次中华苏维埃全国代表大会在瑞金隆重召开，陈潭秋当选为大会主席团成员，并被大会选举为中华苏维埃共和国中央执行委员会委员。

当时，国民党对中央苏区实行经济封锁，蒋介石发动的第五次军事"围剿"使中央根据地日益缩小，加上党内王明"左"倾冒险主义路线的危害，根据地的粮食日益困难。为了支援第五次反"围剿"，保证前线红军粮食的供给，满足苏区各级政府工作人员粮食需要，安排好群众的生活，中央苏区必须把粮食工作抓紧抓好。为此，中华苏维埃共和国中央政府决定临时成立一个新部门，专门负责粮食工作。危难之际陈潭秋受命担任中华苏维埃共和国中央粮食人民委员，即中央苏区第一任粮食部长。

陈潭秋到任后，从三个方面立即着手开展工作。一是组建各级粮食局，建立健全粮食机构；二是紧急动员机关干部积极参加春季收集土地税和发行谷子公债的突击运动；三是号召"开展节省粮食运动"。在开展节省粮食运动中，陈潭秋要求机关干部带头，提出每个人"节省三升米捐助红军"，与此同时还号召群众多种杂粮、蔬菜，以补充粮食的不足。在节粮运动中，陈潭秋以身作则，他还提出中央粮食部全体工作人员在原来节粮的基础上每人每天再节省二两米，还向其他各机关发出了开展节粮比赛的邀请。随后中央财政部、中央教育部、中央劳动部及各省、县机关等热烈响应这一邀请，并各自提出了节粮的具体措施。陈潭秋倡导的节粮措施感动了中央苏区的人民群众，群众纷纷说："政府人员一天吃两餐，还节省二两米，我们一天吃三餐，更应当节省米粮，供给前方打仗的红军。"

一次，陈潭秋率领中央粮食工作队到福建长汀镇征粮。长汀镇的老百姓把长汀望江楼对面的原福建省委办公楼打扫得干干净净迎接他们过去的书记，镇上的群众全部出动，载歌载舞欢迎陈潭秋一行。在群众的大力支持下，征来的粮食很快就堆成了一座小山。

其实长汀的群众当时生活也十分困难，几个月前，陈潭秋任福建省委书记时，曾经多次去了解当地群众的生活。他亲眼看到长汀镇差不多家家都是三顿稀饭，儿童吃的是红苕和玉米棒，怎么今天一下拿出这么多粮食。陈潭秋对工作队的其他人员说："为了筹足粮食，支援前线，以保证前方粮食供应，我们要向群众筹粮：但是，筹粮一定要注意从实际情况出发，要注意筹粮不能影响群众的生活，不能让群众挨饿。"最后经陈潭秋提议，大家一致同意，向群众征购三分之一，借三分之一，退回三分之一。对此长汀镇上的群众惊喜不已，奔走相告；陈潭秋也被苏区广大群众称赞为"人民的好粮食部长"。

陈潭秋担任粮食部长仅仅8个月，这期间也正值红军非常艰难困苦的时刻。为保障红军的粮食供给，陈潭秋日夜操劳，勤奋工作，三次完成了艰巨的筹粮借谷的突击任务，保障红军坚持战斗达一年之久。

十三、革命伴侣徐全直遇害

1934年春，正当中央苏维埃征粮突击运动紧张进行的时刻，传来一个不幸的消息，陈潭秋的夫人徐全直被国民党反动派杀害于南京雨花台。这一晴天霹雳，使陈潭秋陷于无比的悲痛之中。

徐全直亦名虔知、宛明，湖北省沔阳县脉旺嘴胡家台子（今属汉川市）人。1903年2月7日出生在一个贫苦农民家庭。徐全直共有姐妹4人，兄弟1人，因为她排行老二，家人习惯称她为"二妹子"。她的父亲徐世安，自幼在乡间种田，1906年离开家乡到了武昌，在湖北陆军测绘局当兵。1909年，徐世安把徐全直母女三人接到武昌，一家人过着清贫的生活。因为家境贫寒，无钱供养孩子上学，徐世安就和几个同事组织了一个家庭教育社，收容无钱上学的子女读书识字，就这样，徐全直成了该社最小的成员。

1910年，7岁的徐全直和姐姐徐全德被父亲送进湖北省立女子师范学校附属小学读书。1916年因父被诬入狱，跟随母亲避居到汉川的舅父家。1918年，抗婚再走武昌，次年春考入湖北省立女子师范学校。五四运动期间，带头剪髻放脚，积极投入反帝反封建斗争。1921年，陈潭秋到女师执教，二人相识。在陈潭秋的引领下，徐全直参加"妇女读书会"和武汉学生联合会，成为女师第一批中国社会主义青年团团员。1922年，女师当局解聘进步教师刘子通，徐全直与夏之栩、李文宜等发动罢课斗争，被开除，乃发动同学实行全校罢课，到教育厅请愿，迫使女师校长王式玉辞职。

1923年，京汉铁路工人大罢工，徐全直参加工人的游行集会，为罢工工人募捐，联络学生声援工人。同年，她加入中国共产党。是年秋，中共派徐全直随陈潭秋等去江西安源煤矿，1924年5月1日，发动了安源路矿工人举行游行示威。

1924年夏，徐全直和陈潭秋从安源回到武汉，第二年在武昌高师附中任教，秘密做党的工作。她与陈潭秋在革命斗争中建立了深厚的感情，1925年春天，两人结成伉俪。

徐全直以教书为掩护，积极开展妇女工作。1925年6月，武汉妇女协会成立，徐全直担任《武汉妇女》旬刊的编辑并负责对外联络工作。7月底，徐全直等又根据国民党湖北省第一次全省代表大会决议案，在武昌成立了湖北省妇女协会。这期间，她以"宛明"为笔名，在《武汉妇女》第六期上发表了题为《妇女运动的派别和正确方针》的文章，批评当时社会上许多名目的妇女团体干扰无产阶级妇女解放运动，为妇女运动指明了方向。此外，徐全直还经常深入到女工比较多的第一纱厂、南洋烟厂，举办识字班。她同女工们交朋友，帮助她们组织工会，领导女工斗争。此时，恰逢她怀孕，妊娠反应很厉害，经常头昏，而且身体十分消瘦，但她仍坚持白天到附小上课，晚上到工人棚舍区开展工作，后终因劳累过度，导致早产。但产后，她依然顾不上休息，又继续投身于迎接北伐军的活动中。

1926年北伐军攻克武昌城后，徐全直调任省立第二小学校长，同时担任国民党湖北省党部监察委员、妇女协会常务委员。1927年三八妇女节，在湖北省第一次妇女代表大会上当选为省妇协执行委员兼交际部副部长。1928年6月，伴随陈潭秋执行党的任务，来往于上海、天津之间。1930年陈潭秋在哈尔滨被捕，徐全直的处境十分困难，她毫不畏惧，机智勇敢地与敌人周旋。

1931年七八月间，徐全直被调回上海，担任中共江苏省委机关交通员。回上海后不久，周恩来找到徐全直并交代说："党组织决定派你和戚元德一起，到一位被捕同志的原住处，取回中央组织部的一份机密文件。"周恩来还特别强调说，"文件放在一张办公桌的夹缝屉子里，是一份很重要的文件，如果落到敌人手里，好多同志的生命都要受到威胁，希望你和元德同志一起，完成这个任务。"

徐全直立即找到戚元德并转达了周恩来的指示。当她们二人去执行任务时，才发现那位被捕同志的住处早被国民党特务给牢牢地盯住了，而且在存放机密文件的那个房间里还住了两个特务。没有办法，徐全直提出只能智取。经过调查了解，她们打听到那两个特务每天早晨都要出门去吃早点，她们便确定由戚元德化装成阔太太，趁两个特务外出吃早点的间隙，巧妙地取回机密文件。

第二天一早，戚元德化装后坐上人力车出发了，徐全直则赶到那所房子的附近去策应。就这样，戚元德闯进那所房子，假装要租空房子，巧妙地躲过女用人，取回了文件，胜利地完成了周恩来交给她们的任务。

面对上海险恶复杂的形势，1933年初，中共临时中央从上海迁往中央苏区。按中央的部署，陈潭秋夫妇也随中央一起前往江西，但徐全直正处于临产期，只能等把孩子生下来后，才能去苏区，夫妇俩没办法同行，陈潭秋只好先匆匆踏上了赴中央苏区的征途。不久，徐全直在医院里生下了第三个孩子。孩子生下后，徐全直先把孩子寄养在一个湖北同乡姓潘的人家里。

1933年6月20日上午，徐全直到党的秘密联络点上海厦门路56号办理去苏区的事宜，谁知这个联络点早已被国民党破坏。当徐全直发现有异常情况准备脱身时，被埋伏在那里的国民党特务逮捕。她先被关押在国民党上海市公安局的监狱里。审讯时，徐全直声称自己叫黄世英，是从湖北乡下来上海投亲访友的，瞒过了敌人，没有暴露真实身份。不久，她又被押往南京国民党宪兵司令部监狱。

在国民党的法庭上，徐全直慷慨激昂地揭露监狱当局任意虐待犯人、克扣犯人伙食的卑鄙行径。在监狱中，她利用放风的机会联络同志，鼓励难友坚持斗争。她常对狱中难友说："不能做对不起党的事情，到了这里就要准备把自己的生命贡献给党。"为了改善政治犯的生活条件，徐全直还秘密串联狱中的党员，团结其他难友，向狱方提出了改善政治犯待遇的条件，并举行了绝食斗争，最后，迫使狱方不得不同意他们提出的条件。

敌人多次对徐全直严刑拷打，但她始终没有暴露真实姓名和身份。虽然有叛徒出卖，说她是江苏省委的交通员，但敌人抓不着证据，最初只判了她8年徒刑。

面对敌人的威逼利诱，她坚贞不屈，拒绝在"反省书"上签字，还把监狱当做特殊战场，继续开展秘密的革命活动。她鼓励难友坚定立场，组织绝食斗争，反抗狱吏的迫害。她的活动激怒了国民党当局，将原判8年徒刑改判为15年，最后又以"拒绝坦白自新，侮谩公职人员，妨碍他人自新，品性恶劣，不可理喻"的罪名，判处死刑。

1934年2月1日的深夜，国民党宪兵司令部看守所里戒备森严，徐全直知道最后献身的时刻到了，她镇定自若，告别难友，走出监狱。在"打倒国民党反动派""打倒蒋介石卖国贼""中国共产党必胜""中国共产党万岁"的口号声中，中国共产党的优秀党员、我国妇女运动先驱徐全直，在南京雨花台献出了宝贵的生命，时年31岁。

徐全直牺牲后，同情革命的群众将她的遗体葬于南京水西门外，树立墓碑，上书"古复徐全直女士之墓"。"古复"，即指徐全直烈士家乡沔阳，因沔阳在唐代属复州治。

十四、在苏区坚持游击战争

1934年10月，由于王明"左"倾冒险主义的错误指挥，第五次反"围剿"失败，中央红军主力被迫转移，开始长征。

长征前，中共中央决定在中央苏区设立中共中央分局、中华苏维埃共和国政府中央办事处，留下了约1.6万红军将士在苏区坚持革命斗争。中央分局由项英、陈毅、陈潭秋、瞿秋白、贺昌、邓子恢、张鼎丞、谭震林、毛泽覃等人组成，项英任中央分局书记和中央革命根据地军区司令员兼政委，贺昌任政治部主任，陈毅任中央政府办事处主任，瞿秋白任中央分局宣传部长，陈潭秋任中央分局组织部长。

中共中央规定中央分局和留守部队的任务是牵制敌人，掩护主力红军转移，同时保卫中央苏区，保卫土地革命胜利果实，还划定了以瑞金、会昌、于都、宁都4个县城之间的三角地区为基本的游击区和最后坚守的阵地。中央分局书记项英主张继续进行阵地战，与敌人主力硬拼，对此陈毅、陈潭秋都极力反对。陈毅说："保卫中央苏区的要求是不现实的。主力红军在的时候，尚不能粉碎敌人的'围剿'，而不得不转移。如今要保卫中央苏区配合主力红军反攻，简直是做梦！"陈潭秋认为，应该突围至敌人后方的边界地区去开展游击战争。由于受"左"倾错误的影响，项英对陈毅、陈潭秋的建议不但听不进去，反而说陈潭秋"情绪不好""悲观失望"。由于项英是中央分局书记，重大问题最后必须由他决定，所以陈毅、陈潭秋的正确意见未被采纳。

随后，项英把县区地方武装集中起来，"创造新的师、新的军团"，与兵力强大的敌人打阵地战。当时，国民党军队从东西两路向中央苏区紧缩，占领中央苏区各县城和交通要道。1934年10月26日，敌人占领了宁都，11月10日占领了瑞金，11月17日占领了于都，11月

23日占领了会昌，整个中央苏区的县城全部陷入敌手。中央分局、中央政府办事处和赣南县的机关、部队被敌人围困在狭小的于都县仁风山地区。恰在这时，中央红军主力在长征途中召开了遵义会议，会议专门研究了中央苏区的军事问题。1935年2月，中央分局在仁风山地区收到了党中央在长征路上发来的电报，电文指出：在当前形势下，留在中央苏区的部队应"反对大兵团作战的方针，应在中央革命根据地及其周围进行游击战争"，"彻底改变斗争方式，一般应由中央革命根据地方式转变为游击区方式"，并指示成立革命军事委员会中央苏区分会，由项英、陈毅、贺昌等5人组成，统一指挥军事斗争。

至此，项英才不得不接受了陈潭秋的正确意见，并决定把干部和红军分为九路，分别向闽赣、闽西、湘南、赣粤等边界山区突围，开展游击战争。

向闽西方向突围的有瞿秋白、何叔衡、邓子恢等原中央工农民主政府的领导和以陈潭秋为特派员、谭震林为参谋的中央分局领导人。1935年2月下旬，陈潭秋、谭震林率红军24师的1个营，约400余人，由瑞金西南向上杭西北突围，准备到永定与红9团、明光独立营会师，坚持闽粤边界的游击战争。他们一行第一个目的地是长汀县的四都。当时，敌人在于都、瑞金、会昌、长汀一线已经形成了包围圈。在突围中，陈潭秋、谭震林率领的红军部队与何叔衡、邓子恢、瞿秋白等人失散。1935年2月下旬，瞿秋白、何叔衡、邓子恢等人到达长汀四都琉璃乡水金村，然后他们由福建省苏维埃政府保卫局特务队、福建省军区冲锋连等护送，前往永定同张鼎丞等领导的红军游击队会合。2月24日拂晓，何叔衡、邓子恢、瞿秋白等人从长汀濯田区的水口渡过汀江到达小迳村，不幸被国民党福建省保安第十四团包围。经激烈战斗后，何叔衡受伤跳崖壮烈牺牲，邓子恢率部冲出重围返回四都福建省委驻地，瞿秋白在小迳村牛路坑的水塘里不幸被俘，被押送到上杭县监狱，后被解送到长汀国民党第三十六师师部监狱。6月18日，瞿秋白英勇就义。

陈潭秋、谭震林带领的红军部队冲出了敌人的重重包围，翻过武夷山脉，来到了长汀县的四都。在这里他们和邓子恢率领的队伍会合，然后从四都向上杭、永定方向进发，经过艰难的急行军，在永定大阜与张鼎丞派来接应的部队会合。

一天拂晓，部队刚刚驻扎下来，突然遭到国民党陈学光部包围。这时有些同志慌了手脚，危难之际陈潭秋沉着镇定地说："共产党人是铁打钢铸的，即使遇到天大困难，也要杀出一条血路来，为了人民的解放，我们一定要活着冲出去。"接着谭震林便发布了突围令。陈潭秋率领一个警卫班，首先连续向敌人射击，并把敌人引到自己这一边来，以掩护其他人突围。敌人真以为红军主力在陈潭秋那一方面，就像疯狗一样扑过去。为掩护大家冲出重围，警卫班战士全部壮烈牺牲，最后只剩下陈潭秋一人。围过来的敌人叫嚷着："抓活的！"危急关头，陈潭秋机智地把随身带的准备去香港的旅费二三百块银元就地撒出去。围过来的敌人一见这么多大洋，也就顾不上陈潭秋了，他们拼命地去抢夺，并且互相打了起来，陈潭秋乘机从山顶上逃走。他从山上滚到山脚下，在滚下的时候，陈潭秋的右耳被刺坏了，血流不止，脚趾也被跌断了，他忍痛迅速地顺着山沟爬行着，最后找到一个山洞并隐蔽了起来。

当天下午，敌人撤走后，成功突围的同志和当地群众满山寻找陈潭秋的下落，终于在山洞里找到了已经昏迷的陈潭秋，用担架把他抬回营地，并安置在山上治疗。

1935年4月，闽西南地区党政军负责人第一次会议在永定县上溪南区赤寨乡召开。因敌人重重封锁，闽南地区没有代表出席，出席这次会议的代表有：陈潭秋、张鼎丞、邓子恢、谭震林、方方等同志。会议由张鼎丞主持，身负重伤的陈潭秋代表党中央作了重要指示。会议的最后，由陈潭秋代表党中央宣布张鼎丞、邓子恢、谭震林、方方等9同志为闽西南军政委员会委员，张鼎丞任主席、邓子恢任副主席、谭震林任军事部长、方方任政治部主任。从此，闽西南的游击战争在党的正确路线指引下，不断胜利向前发展，为以后新四军的建立打下了良好的基础，这一切与陈潭秋的领导是密不可分的。

　　闽西南地区党政军负责人第一次会议结束后，陈潭秋的伤口开始化脓，没有药物治疗，情况十分危急，党组织决定由陈茂辉派人护送陈潭秋离开闽西，前往汕头治伤。在汕头，陈潭秋发现当地环境不利长住治疗，于是党组织决定迅速将他转移到香港，并由福建省委工农通讯社的游昌炳、雷得新两人护送到香港。在香港稍事停留，1935年5月底的一个夜晚，陈潭秋乘客轮前往上海，并从上海启程赴莫斯科出席共产国际第七次代表大会。

十五、领导东北抗日斗争

　　1935年8月，陈潭秋与陈云、杨之华（瞿秋白夫人）、曾山等人一起，由上海秘密前往莫斯科，参加共产国际七大。但由于路途遥远，到达时会议已经结束。这时，正值少共国际第六次代表大会开幕，陈潭秋与李立三、高自立等五人组成共产党领导小组，共同领导中国共产主义青年团代表团，参加少共国际六大，会后陈潭秋留在莫斯科，参加中共驻共产国际代表团工作。

　　陈潭秋在莫斯科期间化名徐杰，陈云化名史平，他们一行在苏联各地参观一段时间之后，就在列宁学院研究班学习。这时我党参加研究班学习的还有曾山、滕代远、宋一平、高自立、梁广等30余人。梁广为支部书记。

　　利用这难得的学习机会，陈潭秋如饥似渴地学习马克思列宁主义著作，常常不顾病痛学习到深夜。他还努力学习俄语，并与任弼时、秦邦宪花了近半年的时间翻译了《联共（布）党史》。陈潭秋学习成绩优异，还热情地帮助其他同学学习。在列宁学院学习期间，陈潭秋和同志们的关系十分融洽，他能歌、会诗，同志们夸他"是一个多才多艺的人"。

　　陈潭秋在莫斯科期间还协助担任中共驻共产国际代表兼代表团满洲问题委员会委员的陈云，领导东北抗日联军的斗争。1937年1月29

日，以季米特洛夫为总书记的共产国际执委会和中共代表团指定陈潭秋负责管理在莫斯科的抗联同志。

在协助陈云领导抗联斗争期间，陈潭秋多次到斯大林东方劳动者共产主义大学八分校（即抗联干部学校）讲课，宣传中央苏区的斗争经验，他的讲课给抗联同志留下了深刻印象。陈潭秋还和许多在莫斯科的抗联同志促膝谈心，掌握了东北抗日斗争的第一手资料。原吉东特委书记李范五（张松）、原抗联第二军参谋长陈龙（刘汉兴）等许多抗联同志，都与陈潭秋多有接触，甚至"陈龙"这个名字也是陈潭秋起的。

在代表团工作期间，陈潭秋还主持过《救国时报》的工作，积极组织在莫斯科的抗联同志撰写发表了大量记述日寇暴行和东北人民不屈斗争的文章，向全世界人民展现了白山黑水间的苦难与斗争。由于其中许多同志文化水平不高，陈潭秋付出了大量的精力整理这些文稿，如陈龙撰写的《史忠恒烈士传》等。陈潭秋还以在东北工作时期的化名孙杰，亲自撰写了《东北抗联第四军介绍》和《满洲的游击运动》两本小册子，于1936年和1939年在苏联出版，对抗联斗争的经验教训作了初步总结。1937年7月10日，《救国时报》发表了陈潭秋以化名徐杰为中共代表团起草的给东北抗日联军第六军军长夏云杰、第七军军长陈荣久、第一军第一师师长李红光、第二军第二师师长史忠恒、第五军第二师师长傅显明等先烈的悼词，与他联名签发悼词的还有陈云（史平）、邓发（方林）、吴玉章（王荣）、曾山（唐古）、滕代远（李光）、李立三（李明）等。悼词号召全国人民学习东北抗日联军的斗争榜样，号召东北人民和东北抗日联军在毛泽东和朱德的领导下，团结在"举世闻名的民族英雄"杨靖宇的周围，为收复东北失地而战、为民族和人民的解放而战。9月18日，陈潭秋又以觉民的化名，在《救国时报》发表《狱中生活的断片——"九一八"六周年的回忆》，记述"九一八"事变后哈尔滨狱中的抗日宣传。

1936年7月，为纪念中国共产党成立15周年，陈潭秋为共产国际机关刊物《共产国际》杂志撰文《第一次代表大会的回忆》，指出：

"在党内外斗争中锻炼出来的党的、苏维埃的、红军的优秀领袖,如我们最敬爱的毛泽东、朱德,以及其他同志,正在领导着中国人民作伟大的有历史意义的斗争。"1937年1月6日前后,杨靖宇收到由中共驻共产国际代表团发来的这篇文章,此后将其确定为抗联第一路军的政治教材,对抗联同志了解党的历史、认识毛泽东的领袖地位和巨大贡献,发挥了极为重要的作用。

陈云、陈潭秋等同志对东北抗日斗争的领导,受到毛泽东的充分肯定。1936年元旦,毛泽东在致朱德的电报中亲笔手书:"中央已派大批人去指挥抗日战争,东三省抗日战争有大发展。"陈潭秋参加中共代表团抗联领导工作的消息,经魏拯民、杨松(吴平)等同志传达到东北后,极大地鼓舞了抗联同志的斗志。1937年1月16日,杨靖宇以化名元海,亲笔致函陈潭秋,寻求加强同代表团的联系。

1939年,陈潭秋被党中央派往新疆。陈潭秋一直牵挂着东北抗联的斗争,与当时通过新疆回延安或留在当地的抗联同志都有着密切接触。坚持战斗在东北第一线的周保中,也一直试图通过陈潭秋、毛泽民等在新疆工作的同志,恢复与党中央的组织联系。早在1940年6月12日,周保中就要求苏方协助抗联代表越境回国,去新疆转延安向党中央汇报工作。

1942年以后,由于盛世才随时可能公开反共,党中央和毛泽东决定将陈潭秋、毛泽民等新疆干部撤往苏联远东,准备参加对日作战。以陈潭秋、毛泽民为首的党在新疆工作的同志们,也在积极筹备经苏联远东奔赴东北,投身东北抗日联军的斗争。1942年8月下旬,在给中央书记处的电报中,陈潭秋就提出在撤往苏联后,"较重要的干部……可派外蒙或东北游击区工作"。

党中央和陈潭秋等同志的安排,经秘密渠道传达到抗联后,周保中等同志无不欣欣鼓舞,期待与新疆战友会师的时刻。周保中在工作笔记中记录了陈潭秋和毛泽民的化名和地址:"新疆迪化南门外招待所,督办公署财政厅周副厅长斌转徐杰同志。"直至1943年5月25日,周保中还期盼:"必须从莫斯科方面获得中国人政治、党的领导干部，对中共中央联络，经新疆派遣人去。"

然而，正当陈潭秋、毛泽民即将撤往苏联远东之际，盛世才提前于1942年9月对共产党人下了毒手。1943年9月27日，陈潭秋、毛泽民、林基路慷慨就义，血洒天山。陈潭秋最终未能重返东北，更没能指挥抗联战斗到最后胜利，党中央和东北抗联恢复组织联系的机会再一次错失，铸就了历史的一大遗憾。但是，他的英名已闪耀神州大地，他的遗爱已融入白山黑水，他对东北革命的贡献将永垂史册，东北人民将永远铭记他的不朽业绩和崇高精神。

十六、与王韵雪相识相爱

王韵雪1917年9月出生于江苏金坛，兄妹三人，小时候家里生活还算富裕，父亲自己开私塾，教她们读书。1931年父亲病故后，开明的母亲把她们送到新式学堂继续读书。在表哥华罗庚的动员下，王韵雪的哥哥也去清华大学读书，还参加了一二九学生运动，回乡之后又发动王韵雪和妹妹参加抗日救亡运动。于是她和妹妹串联同学下乡搞宣传，唱革命歌曲，演话剧《放下你的鞭子》等，把金坛的抗日运动搞得轰轰烈烈。

1937年，恼羞成怒的国民党县政府为此要逮捕韵雪姐妹，二人听到风声便赶往南京哥哥的同学陈瑛家暂避；后又通过进步人士曹孟君女士介绍到宋美龄办的后方伤病员医院，这里供吃供住，两人做些义务为伤病员写信读报、换药等工作。

一个月后，姐妹俩去南京夫子庙，偶然在书摊上看到邹韬奋主办的《生活周刊》，上面登着"延安社会科学院招生"的广告，并称咨询地址在南京博厚冈66号八路军办事处。满腔热情的姐妹俩决心奔赴延安参加革命斗争。在曹孟君女士和西安八路军办事处的帮助下，二人几经周折，于1937年11月经西安到达革命圣地延安。

经过简单的政治考试，王韵雪被分配到陕北公学第六队，学习统一战线、游击战等革命理论。

1937年12月，王韵雪光荣地加入中国共产党。

1938年，经过3个月的理论学习，王韵雪等20多人被党选派到新疆加入"新兵营"，学习俄文，准备做俄文翻译，王韵雪任班长。

1939年，从莫斯科回国的陈潭秋留在新疆，被任命为中共中央驻新疆代表和八路军驻新疆办事处负责人。这年秋天，陈潭秋主持"新兵营"的野营训练，至此，陈、王二人相识。

这年冬天，中央命令"新兵营"战士回延安奔赴抗日前线，只留下一小部分人在新疆八路军办事处工作，王韵雪便被留下来做新疆八路军办事处机要秘书兼译电员。因为工作关系，她跟陈潭秋接触的机会很多，给中央发电报的时候，才知道这位"徐先生"真名是陈潭秋。共同的革命志向使两颗心融在了一起。

1942年2月，经党中央批准，陈潭秋与王韵雪结为伉俪。

1942年五六月间，新疆局势日趋严峻，为此陈潭秋致电中央，请求撤出我党在新疆的全体同志。

8月8日，中央指示除留高登榜等4人外，其余136人包括陈潭秋均撤回延安。因时局所迫，回延安无法成行，陈潭秋与大家商量，要所有人员分三批先撤到苏联。第一批是航空队飞行员，第二批是残疾人及一些家属孩子，第三批才是驻新疆工作人员。

当时便有人提出，让陈潭秋第一批撤离，可陈潭秋坚决地说："不行，我先走就等于是战场上的逃兵。"也有人问要是撤不出去呢？陈潭秋大义凛然道："盛世才要逮捕人时，我去！"那时，他已下定决心牺牲自己。

9月初，盛世才把我党在迪化（今乌鲁木齐市）各部门工作的同志全部调出集中在八户梁。9月17日，盛世才派他的卫戍队以"请客"为名将陈潭秋、毛泽民等5人软禁起来。

第二天，盛世才又把这些人的家属孩子抓去一块软禁起来。陈潭秋先后写了两封抗议信，谴责盛世才破坏抗战、背信弃义，要求将大家送回延安。

　　软禁期间，形势越来越恶化。他们住的房间窗下时常有脚步声，有人在偷听他们谈话。一天，陈潭秋把五家人集合起来谈一次话，他说，我们住处的岗哨增加了，伙食也在下降，以后很可能男人们要进监狱，但我们一定要立场坚定，要保持共产党人的气节；女同志可能不坐监牢，但如果把你们派出去工作，你们不要去。

　　在这紧急关头，陈潭秋又单独和妻子王韵雪谈话，第一次说起他前妻徐全直在南京雨花台被反动派杀害牺牲的经过以及他们的3个孩子。他说："你出去后，不能找苏联领事馆，要回延安把这里的情况向党汇报。"

　　陈潭秋遇害之时，他与王韵雪的儿子才只有两个多月。陈潭秋给他起个小名，叫"纤纤"。

　　1944年冬，其余家属及二十几个孩子也被投入监狱，此时王韵雪才知道陈潭秋已经牺牲了。

　　直到1946年6月，在重庆的周恩来及邓颖超得知国民党张治中要出任西北行营主任兼新疆省主席，便亲赴其家中，要求将在新疆被关押的100多人释放出来，王韵雪等人自此重获自由。

十七、血沃天山绿万秋

　　1939年5月，陈潭秋接到中央指示从莫斯科回国。他取道新疆回延安，在新疆迪化（今乌鲁木齐市）接到中共中央的电示，让他留在新疆接替邓发任新疆代表和八路军新疆办事处负责人。

　　此前新疆的地方军阀盛世才伪装进步，借以骗取苏联的援助和中国共产党的支持。中国共产党从抗日的大局出发，应盛世才的邀请，自1937年起，陆续派出一批干部到新疆工作，帮助盛世才制定了"反帝、亲苏、民平、谨廉、和平、建设"的六大政策，使新疆的政治日益走向进步，经济文化建设得到较大的发展。然而，到了1941年，国际上，德苏战争爆发，苏联初战不利，大片国土沦入纳粹德国之手，日本的关东军也蠢蠢欲动，多次在中国东北、内蒙古的中苏边界向苏军挑衅，使首鼠两端的盛世才感到苏联危在旦夕，不足依靠，已没有利用的价值；在国内，蒋介石发动了第二次反共高潮，国共合作面临破裂的危险。

面对国际国内形势的变化，盛世才日渐脱去其伪装，露出反动的真面目，不断制造事端，恶化与中国共产党和苏联的关系，陈潭秋就是在这个恶劣的政治环境中，接过重担。根据中共中央关于"坚持抗战，反对投降；坚持团结，反对分裂；坚持进步，反对倒退"的方针，与盛世才进行了艰巨而坚决的斗争。为了工作的方便，陈潭秋化名为"徐杰"，他首先重点抓"新兵营"的军事训练，给战士们上政治课、党课，讲党的历史，提高他们的军事技能和政治觉悟。到1940年初，在陈潭秋的周密安排下，"新兵营"300多名指战员安全返回延安。他们大都是西路军保存下来的身经百战的红军战士，到延安后立即奔赴各抗日前线，为前线充实了指挥人才和战斗力量。同时，陈潭秋非常注意健全党的组织生活，把分散在新疆各地的党员按地区成立党小组，加强对党员的思想教育和时事教育，增强党员的凝聚力和战斗力。

在新疆的时候，大家送给陈潭秋一个外号"老妈妈"，就是因为他特别关心同志。荆振昌离开迪化返回延安之前，陈潭秋送行时把自己的皮帽子摘下来给他戴上，以防途中寒冷；陈茵素由迪化赴库车工作时，陈潭秋说天气冷，给了她一条毛裤；郑瑛回延安时，陈潭秋把自己的一床花格子毛毯送给她御寒。这样的事例很多，在陈潭秋身边工作的人都感激地说，他像个慈祥的母亲。

在维护抗日民族统一战线问题上，陈潭秋与盛世才进行了有理有节的斗争。他把《新疆日报》作为宣传马克思主义、宣传中国共产党抗日民族统一战线政策的阵地，亲自审定报社的工作计划，对重要的文章、社论亲自审阅批改，并大量采用新华社和塔斯社的电讯稿，指出只有团结抗日才有出路。《新疆日报》还经常刊登毛泽东、朱德等中共领导人揭露国民党反动派发动反共高潮的文章。陈潭秋自己还亲自撰写重要的文章和社论，对盛世才制造的反共反苏阴谋予以坚决的揭露和批判。皖南事变发生后，陈潭秋起草了抗议国民党反共的通电，迫使盛世才同意在《新疆日报》上发表。

鉴于盛世才的反动本质已不可改变，为了保存党的力量，陈潭秋陆续安排大批干部回延安。逃脱盛世才魔掌的重要干部有曾三、沈雁冰、黄火青等，他们在日后的革命斗争和新中国建设中都作出了重要的贡献。而陈潭秋自己却多次谢绝同志们劝他转移的建议，始终坚守战斗岗位，处龙潭虎穴而不惊，体现出一名共产党员高度的组织纪律性和大无畏的革命精神。

1942年，随着国际国内形势的进一步动荡，盛世才加快了反共反苏的步伐，完全投向蒋介石的怀抱，竟在家中将同胞兄弟、亲苏拥共的机械化旅旅长盛世骐暗杀，上演了一出手足相残的人间悲剧，亦充分暴露出了他凶残无情的豺狼本性。陈潭秋将盛世才这一反苏反共的信号迅速向党中央汇报，建议中央"须作必要的准备，以应付新的可能的事变"。5月8日，中央电示陈潭秋，同意撤退一部分同志，同时指示他领导一时无法回延安的同志坚持斗争。

考虑到随时有被捕的危险，陈潭秋在党内的整风运动中特别注重对党员进行革命气节的教育，鼓励大家学习国际共产主义战士季米特洛夫在敌人法庭上大义凛然的英雄气概，学习夏明翰烈士追求真理、宁死不屈的献身精神，学习文天祥碧血写汗青的浩然正气，坚定了同志们的革命信念。

1942年6月底至7月上旬，中央数次电示陈潭秋，同意在新疆的党员全部撤走。

然而当时新疆到延安的交通已被国民党封锁，只有先撤往苏联。陈潭秋根据中央指示，一面与苏联驻新疆领事馆联系，一面制定撤退计划。他决定分三批撤退：负责干部和航空队先撤，老弱病残和干部家属、子女第二批撤，他自己和办事处的少数工作人员最后撤。同志们要求陈潭秋第一批走，但陈潭秋却坚持要留下来，他说："党交给我的任务，是把大家全部安全地撤出去，只要这里还有一个同志，我就不能走！"他勉励办事处的同志要坚守工作岗位到最后一刻。

9月17日，盛世才派军警将陈潭秋、毛泽民、林基路及中国共产党在新疆的全部人员和家属共60余人软禁起来，制造了震惊中外的"新疆事件"。

陈潭秋向盛世才写了一封义正词严的抗议信，要求他释放所有被抓的人员。然而盛世才反意已决，反而把陈潭秋等投入迪化第二监狱。

中央得知陈潭秋等被捕后，立即开展营救工作。中共中央书记处致电在重庆与国民党谈判的周恩来，要他在与张治中谈话时，提出释放被盛世才扣留的徐杰（陈潭秋）等人的要求，准许他们经兰州、西安回延安。

陈潭秋在狱中与敌人进行了英勇的斗争，盛世才妄想用严刑逼供使陈潭秋等人屈服的阴谋遭到了可耻的失败。

1943年4月10日起至5月7日止，盛世才对陈潭秋进行了一连串的审讯。陈潭秋庄严宣告："我不受审讯！"敌人逼他招供子虚乌有的"共产党四一二阴谋暴动"案。陈潭秋坚贞不屈，断然予以否认。敌人还引诱他在"脱党声明"上签字，同样遭到陈潭秋的严词拒绝，表现了共产党人的浩然正气。铁骨铮铮的陈潭秋厉声斥骂盛世才，理直气壮地说："中国共产党派我们这些同志来新帮助工作，我们没有做危害政府的事，没有违反中国共产党的抗日民族统一战线的政策。""我们在新疆做事都是光明正大的。"他列举中国共产党帮助新疆发展经济、革弊布新所取得的巨大成就，痛斥盛世才投靠蒋介石卖友求荣、祸害新疆的叛徒行径。

陈潭秋领导狱中的同志坚持斗争，保持高度的警惕，嘱咐他们坚定革命信念，不被敌人软化，提出"百子一条心，集体回延安"的口号，誓不屈服敌人的淫威。他鼓励妻子王韵雪绝不要暴露身份，更不能玷污共产党员的光荣称号，要坚守党的立场。

陈潭秋受尽了敌人昼夜连续的种种酷刑审讯。狱中，盛世才对陈潭秋使尽"坐飞机""压大杠""灌辣椒水"等酷刑，进行非人的折磨。敌人一会儿把陈潭秋拖进极冷的澡堂受冻，一会儿又把陈潭秋拉入火房烘烤。陈潭秋坚贞不屈，铁骨铮铮。敌人也采用"车轮战术"，昼夜连续审问陈潭秋，他稍一合眼，就把他弄醒，使陈潭秋陷于极度疲劳。狱中的卒役都十分敬佩地说："你们共产党人真是好样的！"敌人软硬兼施都达不到目的，最后盛世才亲自出马，把电话线拉到陈潭秋的牢房，妄图在电话中劝降。陈潭秋接过电话，厉声斥骂盛世才，并愤怒地将电话机摔在地上。

从敌人审问陈潭秋的"口供笔录"上，可以看到陈潭秋对敌人进行的无情揭露，与敌人针锋相对的斗争，表现了一个共产党员坚定的革命立场和理想信念。

这是1943年5月6日的审讯记录的部分内容：

问：你的原名是陈潭秋吗？

答：没有说的必要。

问：三民主义你信仰不？

答：在今天的时候，我认为三民主义为今日中国所必需，共产党相信三民主义适合今日的国情，但共产党还有自己的最高理想。

问：中共执行了四项承诺没有？

答：把苏维埃改为边区政府，红军改为八路军，取消了土地革命、武装暴动。苏鲁皖的边区政府，是从敌人手里夺回的，成立政府有何不可？

问：中央准许八路军不是三个师吗？为什么扩充呢？

答：广大民众要求抗日，有什么办法，所以扩充到五十五万人，为的是抗日。

问：共产党是不是专破坏抗战？

答：如果这样，共产党就会垮了。倘八路军那样干，共产党还能存在吗？不是事实，我不能承认，但我了解的不是这样的。

问：暴动的事，你不是其中之一吗？

答：造谣，根本没有这回事。

问：如果将证人、证物拿出来你又怎么说？

答：没有的事，有证据就是造谣！

这天下午，敌人又就所谓"阴谋暴动案"，审问了陈潭秋，下面是审问的一段：

问：你参加这些事情还不知道吗？

答：这些是武断虚构的，那是天上来的，还是请把受我指使的人找来，把事实拿出来。

问：你指使的人当面说出事实你怎么办？

答：法庭请找出这个人来。

问：把物证、人证拿来你如何辩白？

答：我认为物证可以伪造，人证亦可以伪造。

5月7日，敌人指使叛徒刘希平、潘柏南和被捕的盛世才政府官员李一欧、臧谷峰到庭作伪证。这4人胡编了一套，但又不敢当面对质，只是在屏风之后，阴阳怪气地说了些见不得人的鬼话，就灰溜溜地走开了。

问：方才四个人说的话你听见了吗？

答：听到了。

问：你讲一下事实吧。

答：他们说的话都是虚构的，现在他们失去了良心。

问：你把阴谋暴动的事说一下。

答：阴谋暴动的事根本没有。

问：苏联领事馆为什么谋刺我们首领？

答：没有的事。

问：联共、中共在新疆是要推翻政权不是事实吗？

答：我不相信有这样的事实。

问：你是苏联利益高于一切？

答：这种说话是污蔑我。我是站在中国利益立场上，但我维护苏联，因为它是对中国援助的。

问：究竟你们在新疆有无反动活动？

答：共产党绝不虚伪。我再次声明，我们没有危害政府的任何活动。

问：现在再给你几分钟时间，你再考虑一下。

答：我没有考虑的余地。

问：你还需要考虑吗？

答：我用不着考虑了。

黔驴技穷的盛世才，恼羞成怒，下令秘密处决陈潭秋等共产党员。那是最黑暗的一刻，1943年9月27日，一轮落日久久不愿西沉下去，把余晖撒在大漠戈壁上，用最后一抹阳光给天山峰顶千年不化的冰雪披上绚丽的外衣。渐渐地，大地归于沉寂。天黑如墨，见不得阳光的魔鬼借着这沉沉的黑夜，伸出邪恶的双手，想扼杀人间的光明、正义，主宰暗无天日的世界。当天晚上，敌警务处长带着几个刽子手来到狱中，绑走陈潭秋，带到地下室，用木棒把他击昏，再用细麻绳将他活活勒死。

"我死后要化作一抔黄土，铺在通向胜利的路上。"陈潭秋用他的鲜血和生命在茫茫沙漠中浇灌出一片生命的绿洲。

当狱中的同志得知陈潭秋等遇害的噩耗时，万分悲痛，他们在狱中党组织的领导下，为烈士举行了追悼会，并集体创作了《追悼歌》：

我们的兄弟，
在前方为国把命拼；
我们的全部力量，
正在消灭民族敌人。
我们光荣的同志，

谁想得到在抗战辽远的大后方，

还有丧心病狂的败类，

含血喷人，

暗害了你们宝贵的生命！

你们宁死不屈的意志，

将永远活在千万人民的心中！

瞑目吧！

光荣的同志！

你们的血迹，

揭露了民族败类的无耻！

你们的牺牲，

更显示了八路军伟大的精神！

你们的英名，

将永垂不朽！

它鼓励着后继者的我们，

向黑暗作英勇斗争！

瞑目吧！

徐杰同志！

周彬同志！

林基路同志！

　　狱中的同志遵照陈潭秋生前的教导，坚持同敌人进行了顽强的斗争，那是漫长而艰苦的奋斗。直到1946年5月，国民党新疆政府改组，张治中出任新疆政府主席，他答应周恩来的请求，到新疆后一定尽快释放这些无辜被关押的人员，并负责把他们送回延安。

　　7月11日下午6时，历经艰险的129名来自新疆的干部及其家属回到了革命圣地——延安，朱总司令、任弼时、林伯渠等亲自迎接，毛主席到他们住地看望，与他们一一握手，频频地说："好同志，受苦了！好同志，受苦了！""你们回来了，就是胜利！"

同志们回到延安的当天，便得知在党的七大上，陈潭秋被选为中央委员。因为消息中断，延安的同志只知道陈潭秋等人被盛世才和国民党合谋逮捕入狱，并不知道陈潭秋已经被秘密杀害。

全国解放后，参与杀害陈潭秋等烈士的凶手，被我人民政府一一找出并正法；经他们交代，才找到烈士被埋尸的地点。

陈潭秋烈士的遗骨，后被安葬在乌鲁木齐南郊的烈士陵园中，墓前竖立着刻有董必武亲笔书写的"陈潭秋烈士之墓"的大理石墓碑。陈潭秋的家乡——湖北黄冈的群众自动捐款，在陈策楼竖立了一尊陈潭秋全身铜像，以表达对烈士的怀念和崇敬。

陈潭秋在长达二十余年的革命生涯里，始终执着探索革命真理，是马列主义的传播者和中国共产党的创始人之一；他始终站在斗争最前沿，是群众运动的杰出组织者和领导者；他高瞻远瞩，是党的原则的坚强捍卫者和忠实恪守者；他一身正气，不屈不挠，是大义凛然的革命英烈。他的一生，是为党和人民事业鞠躬尽瘁的一生，是为宣传和捍卫真理英勇奋斗的一生。他的光辉业绩和崇高品质有如日月经天，江河行地，彪炳史册，流芳千古。

陈潭秋具有求真务实、敢于担当的开拓精神。正如周恩来同志曾评价的那样："潭秋同志一生的革命经历有一个很大特点，就是经常受命于危难之时。他顾大局，不计较个人恩怨得失，每次都能够在形势非常不利的情况下正确应对，挽救危局，避免和减少了党的损失。他的牺牲是党的重大损失，他是值得我们永远纪念的。"

他像一座丰碑，永远矗立在我们的心中，他那崇高的精神风范已经成为我们共同的红色记忆。

附录 陈潭秋生平年表

1896年

1月4日，出生于湖北省黄冈县陈宅楼村。

1904年～1911年

在本地陈氏族立私塾和黄冈县立高等学堂读书。

1912年～1915年

考入武昌省立第一中学，毕业后进中华大学补习。

1916年～1918年

在国立武昌高等师范学校英语部读书，开始阅读《新青年》等传播新思想的书刊，关注俄国发生的十月革命。

1919年

5月4日，北京爆发了五四反帝爱国运动，被推选为校学生团代表，参加了武汉学生联合会；18日，参加武汉学生大游行。

6月，随武汉学生参观团到上海、南京等地参观学习，在上海结识了董必武，交流了学习马克思主义的心得和对十月革命的认识，商定回鄂后以"办报纸、办学校的方式传播马克思主义，开展革命活动"。

夏末，从高师英语部毕业，不久即联络林育南等回黄冈农村向农民进行反帝反封建的宣传。

1920年

春，在武汉中学教授英语课，协助董必武主持校务，是武汉中学的实际负责人之一；和董必武共同指导学生会主办《武汉中学周刊》，自编《政治问答》，宣传马克思主义基础知识，发起组织新教育社和湖北平民教育促进会，创刊《新教育》。

秋，与董必武等发起成立了武汉共产主义小组，取名"共产党武汉支部"，分管组织工作。

冬，主持成立了武汉马克思学说研究会。

1921年

春，与董必武等应聘在湖北女师任教，积极传播新思想。

6月至7月，被武汉共产主义小组推选为出席党的一大代表，与董必武同赴上海，参与了中国共产党的创建。

8月，回武汉后成立了中共武汉地区临时工作委员会，分管组织工作。

下半年，在湖北女师发展青年团员，成立了社会主义青年团组织。

冬，遵照党中央指示，正式成立中共武汉区执行委员会，负责组织工作。

1922年

和董必武等通过办识字班和平民夜校等方式，在武汉搬运、轮渡、纺织、铁路等工人中宣传革命思想。

年底，湖北省民权运动大同盟成立，被推选为委员。

1923年

2月，以记者身份到郑州参加京汉铁路总工会的成立大会；负责武汉方面罢工运动的具体领导工作，参与领导了京汉铁路的罢工斗争。

4月，与董必武等组织武汉各人民团体举行了5万人的国民大会，开展反帝反军阀的群众斗争。

6月，代表湖北党组织出席了中国共产党第三次全国代表大会。

1924年

5月1日，参加安源路矿工人举行的纪念五一节大会和游行示威。

9月，任中共武昌地委执行委员会委员长。9月5日，与董必武在武昌中华大学召开了"武汉反帝国主义运动大同盟"成立大会，任执行委员，负责宣传出版工作。

1925年

五卅运动爆发后，与董必武一起参与并领导了武汉人民的反帝爱国运动。

1926年

夏，党在武昌举办"北伐宣传训练班"，担任主持人和主要授课人；9月，策应北伐军进军武汉。

1927年

4月，在党的五大上被选为候补中央委员，任中共湖北省执行委员会组织部长。

5月10日，与任弼时、蔡和森等出席并主持了共产主义青年团第四次全国代表大会。

7月21日，出席中共江西省代表大会，任省委书记。

下半年，贯彻党的八七会议精神，领导了江西省的农民暴动。

1928年

春，赴中共江苏省委工作，任组织部长。

6月，任中央巡视员，前往天津巡视顺直党的工作。

1929年

7月，调上海党中央机关工作。

8月19日～26日，作为中央巡视员前往青岛巡视。

8月26日～10月10日，巡视满洲。

10月下旬，调中央组织部任秘书，协助周恩来处理组织部日常工作。

1930年

8月，任中共满洲总行委书记，主持满洲省委工作。

9月24日，到上海出席党的六届三中全会，任中央审查委员，被选为候补中央委员；会后，调任中共满洲省委书记。

12月初，与王鹤寿同去哈尔滨，参加北满特委扩大会议。7日，在开会时被捕，受尽种种酷刑，仍坚贞不屈坚持斗争。

1931年

被反动派先后关押在哈尔滨中东路护路司令部道外监狱和南冈警察处监狱，领导狱中同志与敌人进行斗争。

1932年

7月，在党组织营救下出狱，回到上海，任中共江苏省委秘书长。

1933年

年初，去中央苏区工作，在中共中央党校任党委委员兼教员，讲授《中国革命史》。

6月，调任中共福建省委书记。

10月，主持召开了中共福建省代表大会，明确福建省委的中心任务是：扩大红军，征集粮食，推销公债，搞好生产。

1934年

1月，在中华苏维埃第二次全国代表大会上当选为中华苏维埃共和国中央执行委员会委员、中央粮食人民委员（即粮食部长）。

10月，中央红军长征，奉命留下坚持斗争，任中央苏区分局委员兼组织部长。

1935年

8月，与陈云、杨之华等由上海启程前往莫斯科参加共产国际第七次代表大会，参加中共驻共产国际代表团工作。

1938年

2月，在中共驻共产国际代表团负责干部管理工作。

9月，接到中央调回国内工作的通知。

1939年

5月，由莫斯科来到新疆迪化（今乌鲁木齐市）。7月，任中共中央驻新疆代表和八路军驻新疆办事处负责人。

1940年

1月，亲自安排"新兵营"同志回延安，奔赴抗日前线，参加抗日战争。

2月，周恩来、任弼时路过新疆，共同研究新疆形势等问题。

6月，致电中共中央书记处，报告一年来新疆政治情况。

1941年

11月6日，致电中央，报告新疆形势，提出挽救新疆局势的七点意见。

1942年

6月，召开干部会，传达中共中央关于整风的精神。7月，成立了整风学习委员会，任主任。8月18日，向毛泽东电告我党在新疆整风运动情况。

9月17日，盛世才以"请客"为名将陈潭秋、毛泽民等5人软禁。

1943年

2月7日，被投入迪化第二监狱，始终坚贞不屈，与敌人进行了针锋相对的斗争。

9月27日，被盛世才秘密杀害，英勇就义，时年47岁。